AF274046

Itinerario personal para la empleabilidad II

Carmen María Juan Rodríguez

Marcombo

Itinerario personal para la empleabilidad II

Primera edición, 2025

© 2025 Carmen María Juan Rodríguez

© 2025 MARCOMBO, S. L. - www.marcombo.com

Gran Via de les Corts Catalanes 594, 08007 Barcelona

Contacto: info@marcombo.com

Diseño de la cubierta: cuantofalta.es

Maquetación: D. Márquez

Corrección: Mónica Muñoz y Anna Alberola

Directora de producción: M.ª Rosa Castillo

Cualquier forma de reproducción, distribución, comunicación pública o transformación de esta obra solo puede ser realizada con la autorización de sus titulares, salvo excepción prevista por la ley. Diríjase a CEDRO (Centro Español de Derechos Reprográficos, www.cedro.org) si necesita fotocopiar o escanear algún fragmento de esta obra.

ISBN: 978-84-267-3975-9

D.L.: B 3603-2025

Impreso en Printek

Printed in Spain

Libro ecológico
Impreso con papel procedente de bosques gestionados
de manera eficiente, libre de cloro.

Presentación

Con la entrada en vigor de la nueva Ley de Formación Profesional (Ley Orgánica 3/2022 del 31 de marzo, de Ordenación e Integración de la Formación Profesional), se ofrece al alumnado una educación más flexible, práctica y orientada al empleo, plenamente adaptada a las demandas del mercado laboral, de modo que provee de oportunidades de desarrollo personal y profesional en diversos sectores y ámbitos laborales.

Por ello, con este libro, en el que se expone el módulo de itinerario personal para la empleabilidad II, conforme al Real Decreto 659/2023, del 18 de julio, por el que se desarrolla la ordenación del Sistema de Formación Profesional, lo que se pretende es que el estudiante reciba una formación práctica y un aprendizaje orientado al emprendimiento. Se persigue garantizar que los alumnos adquieran las competencias y habilidades necesarias para la empleabilidad, con las cuales se configura a un profesional de calidad, marcando su valor añadido.

Esta obra está dirigida a los estudiantes de los nuevos ciclos de grado medio y superior, puesto que se trata de un módulo transversal, y tiene por finalidad dotar al alumnado de las habilidades para que pueda gestionar, de manera efectiva, su carrera profesional, adaptarse a un mercado laboral en constante cambio y alcanzar sus metas profesionales y personales.

Por dicho motivo, distinguimos cinco unidades didácticas, correspondientes a los resultados de aprendizaje.

Así, con la unidad 1, «Estrategias para la búsqueda de empleo», se pretende que el estudiante del ciclo formativo planifique y ponga en marcha estrategias en los diferentes procesos selectivos de empleo, que le permitan mejorar sus posibilidades de inserción laboral.

Con la unidad 2, «Competencias personales, sociales y emocionales», el alumnado aprenderá a aplicar estrategias en la búsqueda de la mejora de su empleabilidad.

Con la unidad 3, «Habilidades emprendedoras en los procesos de innovación e investigación sostenible», se busca que el alumnado ponga en práctica esas habilidades emprendedoras para el desarrollo de tales procesos, de forma que se promueva la modernización del sector productivo hacia un modelo sostenible.

En la unidad 4, «Ideas emprendedoras y nuevas oportunidades», se trata de identificar, definir y validar ideas de emprendimiento que generen nuevas oportunidades, por medio de estrategias de análisis del entorno socioproductivo a partir de metodologías ágiles para el emprendimiento.

Por último, con la unidad 5, «El proyecto emprendedor», el alumnado podrá desarrollar un proyecto de innovación social y/o tecnológica aplicada en colaboración con el entorno. Además, se incorporan los pasos a seguir para que el alumnado plasme su proyecto emprendedor.

Acceda a www.marcombo.info
para descargar gratis
el contenido adicional,
complemento imprescindible de este libro

Código: MARCOMBO31

Índice

RA 1

RA 2

RA 3

RA 4

RA 5

RA 6

RESULTADOS DE APRENDIZAJE

RA 1	Planifica y pone en marcha estrategias en los diferentes procesos selectivos de empleo que le permiten mejorar sus posibilidades de inserción laboral.
RA 2	Aplica estrategias relacionadas con las competencias personales, sociales y emocionales para el empleo en búsqueda de la mejora de su empleabilidad.
RA 3	Pone en práctica las habilidades emprendedoras necesarias para el desarrollo de procesos de innovación e investigación aplicadas que promuevan la modernización del sector productivo hacia un modelo sostenible.
RA 4	Identifica, define y valida ideas de emprendimiento generadoras de nuevas oportunidades a partir de estrategias de análisis del entorno socio productivo utilizando metodologías ágiles para el emprendimiento.
RA 5	Desarrolla un proyecto emprendedor de innovación social y/o tecnológica aplicada en colaboración con el entorno.
RA 6	Analiza la rentabilidad de la propuesta emprendedora valorando inversión, costes y beneficios y diseña una estrategia para la puesta en marcha de la misma teniendo en cuenta las obligaciones administrativas, fiscales y contables.

U 1

Estrategias para la búsqueda de empleo

En esta unidad va a estudiar:

- Estrategias para la búsqueda de empleo

- Selección de personal

- Simulación de técnicas actuales para la selección de personal en el sector de la actividad

- Estrategias para la búsqueda de trabajo en función de las técnicas más empleadas en el sector

- Procesos de selección del sector público y privado: actitudes y aptitudes para la superación de dichos procesos

- Creación de la marca personal

Con su estudio, va a ser capaz de:

- Identificar las técnicas utilizadas actualmente en el sector para el proceso de selección de personal.

- Desarrollar estrategias para la búsqueda de empleo.

- Conocer las actitudes y aptitudes para poder superar procesos selectivos en el sector privado y público.

- Elaborar una marca personal identificando las necesidades del mercado actual.

1.1 ESTRATEGIAS PARA LA BÚSQUEDA DE EMPLEO

La búsqueda de empleo es un proceso por el cual una persona quiere encontrar un trabajo que se ajuste a sus habilidades, experiencia y objetivos profesionales. Puede ser un proceso desafiante, pero, con una estrategia bien planificada, aumentará las oportunidades de éxito. Por lo tanto, requiere de una combinación de estrategias bien planificadas y ejecutadas con constancia y dedicación.

1.1.1 Estrategias para la búsqueda de empleo

Las estrategias para la búsqueda de empleo son acciones planificadas que una persona puede llevar a cabo para aumentar sus posibilidades de encontrar trabajo.

1.1.1.1 Autoevaluación y preparación

La búsqueda de empleo efectiva comienza con una autoevaluación profunda y una preparación meticulosa. Para conocerse a uno mismo, se deben analizar las habilidades, intereses, valores y metas profesionales. Es importante, por tanto, conocer las fortalezas y debilidades para encontrar roles que se alineen con las habilidades y aspiraciones. Así, se puede dirigir la búsqueda de manera más estratégica. Para ello, se suelen utilizar herramientas como inventarios de habilidades, pruebas de personalidad (como Myers-Briggs) y análisis FODA personal y complementarlo con un análisis CAME personal.

PARA SABER MÁS

En la evaluación Myers-Brigss Type Indicator (MBTI), se definen 16 tipos de personalidad. Dentro de cada uno, se toman en cuenta varios factores, como puntos débiles y fuertes, características, potenciales y preferencias. De esta manera, es posible entender mejor las acciones de cada uno en diferentes situaciones y momentos.

Visita para más información

https://www.unir.net/salud/revista/tipos-personalidad-psicologia/#:~:text=Para explicar los tipos de,donde se establecen 16 tipos

El **análisis FODA personal** conforma una técnica de planificación estratégica aplicada, empleada en el contexto personal. En ella, se analizan las debilidades, oportunidades, fortalezas y amenazas de las personas en el cumplimiento de sus metas individuales, lo que les permite comprender mejor su realidad a la hora de establecer estrategias para la consecución de sus objetivos.

El análisis CAME personal, por su parte, constituye una herramienta complementaria, con la que se responde a la información arrojada por el análisis FODA. Se usa para marcar un plan que permite corregir las debilidades, afrontar las amenazas, mantener las fortalezas y explotar las oportunidades.

EJERCICIO 1

Lleve a cabo su propio análisis FODA. Para ello, deberá determinar las fortalezas que posee, educación, experiencia, conocimientos técnicos, actitud y cualidades personales y habilidades blandas que le dan una ventaja competitiva sobre los demás. Las debilidades son aquellos puntos negativos que tiene y las características que necesita mejorar, ya sea en su personalidad o educación, en los conocimientos que debe mejorar o en experiencia laboral. Después, reflexione sobre las oportunidades y amenazas que se encuentran en el entorno.

En cuanto a la preparación, se trata de elaborar el *curriculum vitae* personalizado, adaptándolo a cada posición, destacando experiencias y habilidades relevantes. Asimismo, las cartas de presentación serán específicas para cada solicitud, y en ellas mostrará cómo puede aportar valor a la empresa. Con relación a las entrevistas, resulta conveniente investigar sobre la empresa y sobre el rol que quiere desarrollar y, sobre todo, realizar simulaciones de entrevistas y preparar respuestas para preguntas comunes.

PARA SABER MÁS

Entre en https://www.onlinecv.es/plantillas-de-cv/. En este enlace, encontrará una plantilla para realizar su *curriculum vitae* o para actualizarlo.

EJERCICIO 2

Cree su currículo o actualícelo basándose en plantillas como la anterior.

1.1.1.2 Utilización de plataformas de empleo

Los portales de empleo son sitios web como Indeed, LinkedIn, Glassdoor o InfoJobs. Aquí se configuran alertas de empleo para recibir notificaciones sobre oportunidades laborales que coincidan con su perfil. En cuanto a las redes sociales profesionales, como LinkedIn, es importante optimizar el perfil con una foto profesional, un resumen conciso y detalles de las experiencias laborales y habilidades.

Se debe hacer, asimismo, *networking,* es decir, ampliar la red de contactos profesionales, participando en grupos y foros y compartiendo contenido relevante, asistiendo a ferias de empleo, conferencias y eventos, o interactuando con otros usuarios, para poder ampliar la red de contactos. También resulta interesante visitar los sitios web de empresas de interés y solicitar directamente las vacantes disponibles, así como formar parte de asociaciones y grupos profesionales relacionados con el sector.

PARA SABER MÁS

¿Cuáles son las mejores *apps* para buscar trabajo? Entre en:

https://www.la-merienda.org/cuales-son-las-mejores-apps-para-buscar-trabajo/

1.1.1.3 Uso de recursos didácticos y de formación

Siempre se han de mantener las habilidades actualizadas, mediante la realización de cursos y la obtención de certificaciones relevantes. Para ello, se pueden utilizar plataformas como Coursera, edX, Udemy y LinkedIn Learning.

1.1.1.4 Búsqueda proactiva

Es interesante mandar el *curriculum vitae* bien redactado y una carta de presentación personalizada a aquellas empresas donde le interesaría trabajar, aunque no haya vacantes publicadas. Se recomienda hacer un seguimiento de lo enviado, ya sea por medio de correos de agradecimiento o solicitando actualizaciones, mostrando interés y disposición para el puesto de trabajo.

PARA RECORDAR

Conviene revisar las unidades 10 y 11 del libro *Itinerario personal para la empleabilidad I*, puesto que se tratan temas relacionados con el aprendizaje autónomo y la búsqueda de empleo.

EJERCICIO 3

Cree su perfil en LinkedIn, entrando en:

https://www.linkedin.com/help/linkedin/answer/a1338223/signing-up-to-join-linkedin?lang=es

1.1.2 Estrategias para la búsqueda de empleo en Europa

El trabajo en Europa puede ofrecer oportunidades y beneficios, pero requiere del cumplimiento de una serie de requisitos y adaptarse a culturas y sistemas laborales diferentes.

Los pasos a seguir serán los siguientes:

1. Llevar a cabo una investigación y planificación sobre el país de destino, considerando aspectos como el idioma, el coste de la vida, el mercado laboral, la cultura y las condiciones laborales. También se han de identificar los sectores de mayor demanda de empleo.

2. Se debe considerar también qué documentación y permisos se necesitan. Así, al ser ciudadanos de la Unión Europea, se tiene derecho a la libre circulación y, por lo tanto, a vivir y trabajar en cualquier Estado miembro sin visado ni permiso de trabajo. También puede ocurrir que algún país solicite el registro en las autoridades locales, si la estancia supera un determinado periodo de tiempo.

PARA SABER MÁS

Los ciudadanos de terceros países, para trabajar en Europa, necesitan obtener un visado de trabajo antes de viajar. Además del visado, puede necesitarse un permiso de residencia en el país.

3. Para buscar empleo, se pueden utilizar portales como EURES, agencias de reclutamiento internacionales, ferias de empleo y red de contactos personales y profesionales.

PARA SABER MÁS

Entre en el portal de empleo EURES:

https://eures.europa.eu/index_es

4. Se precisa igualmente preparar el *curriculum vitae* y la carta de presentación con el formato europeo, usando el formato CV Europass.

5. Prepare la entrevista de trabajo teniendo en cuenta la empresa y el puesto, así como la cultura laboral del país.

1.2 LA SELECCIÓN DE PERSONAL

La selección de personal es un proceso fundamental en la gestión de recursos humanos de cualquier empresa u organización. Su objetivo principal radica en elegir al candidato más adecuado para un determinado puesto de trabajo.

Se trata del proceso por el que una empresa identifica, evalúa y elige a los candidatos más adecuados para cubrir una vacante. Este proceso implica pasos diseñados para asegurar que la persona seleccionada sea la más

idónea, no solo en habilidades y experiencia, sino también en cuanto a su encaje con la cultura y los valores de la organización; es decir, que la persona comparte, comprende y se adapta a los principios, normas y comportamientos que caracterizan a una empresa.

1.2.1 Técnicas de selección de personal

El proceso de selección de personal ha evolucionado significativamente con el avance de la tecnología y las nuevas metodologías en recursos humanos.

Figura 1.1 Técnicas utilizadas en el sector para el proceso de selección de personal.

Técnicas	Descripción
Inteligencia artificial y análisis de datos	**Sistemas de seguimiento de candidatos (ATS):** estos sistemas automatizan el proceso de filtrado de currículos, buscando palabras clave y calificando candidatos según criterios preestablecidos. **Análisis predictivo:** se utilizan datos históricos y algoritmos, para predecir el éxito de un candidato.
Entrevistas estructuradas y basadas en competencias	En las **estructuradas,** todos los candidatos reciben las mismas preguntas, lo cual facilita la comparación y la evaluación objetiva. Las **basadas en competencias** se centran en evaluar habilidades y competencias específicas basadas en preguntas con las que se valora la experiencia pasada.
Evaluaciones psicométricas y pruebas de habilidades	**Pruebas psicométricas:** se evalúan rasgos de personalidad, aptitudes cognitivas y otros factores psicológicos. **Pruebas técnicas y de habilidades:** se miden las habilidades específicas requeridas para el trabajo, como las técnicas, los idiomas o los conocimientos específicos.
Videoentrevistas y entrevistas digitales	**Videoentrevistas asincrónicas:** los candidatos responden a preguntas grabadas por el reclutador en su propio tiempo, lo que permite una mayor flexibilidad y eficiencia en la evaluación. **Entrevistas por videollamada:** se utilizan especialmente para la evaluación inicial, lo que permite reducir costes y tiempo de desplazamiento.
Gamificación	**Juegos y simulaciones:** se utilizan para evaluar habilidades técnicas, cognitivas y de comportamiento en un entorno interactivo y dinámico.

Figura 1.1 (Continuación).

Técnicas	Descripción
Análisis de redes sociales y presencia en línea	Los reclutadores revisan perfiles en LinkedIn, Twitter (ahora X) y otras redes sociales para obtener una visión más completa del candidato y verificar antecedentes.
Referencias y verificación de antecedentes	Se contactan referencias proporcionadas por el candidato y se utilizan servicios de verificación de antecedentes para confirmar la información dada y revisar el historial laboral y educativo, así como buscar posibles antecedentes legales.
Assessment centers **(centros de evaluación)**	Se utilizan ejercicios grupales y actividades simuladas para observar cómo los candidatos interactúan y resuelven problemas en equipo, evaluando habilidades interpersonales y de liderazgo.
Reclutamiento interno y programas de referencias	Por medio de promociones y movilidad interna, se incentiva el crecimiento profesional dentro de la empresa. En los programas de referencias de empleados, los actuales trabajadores recomiendan candidatos para reducir los costes y los tiempos de contratación y mejorar la calidad de los candidatos.
Employer branding **y** *marketing* **de reclutamiento**	Se crea una imagen atractiva de la empresa, para atraer talento. En el *inbound recruiting*, que es similar al *inbound marketing*, se atrae al candidato/a a través de contenido relevante y experiencias positivas con la marca.

PARA SABER MÁS

El *inbound recruiting* es una estrategia de reclutamiento basada en los principios del *inbound marketing*, diseñada para atraer, comprometer y convertir a candidatos potenciales en empleados. En lugar de buscar activamente candidatos (como se hace en el reclutamiento tradicional), el *inbound recruiting* se centra en crear contenido y experiencias atractivas, que generen interés en la empresa como empleador. De este modo, se atraen candidatos por tácticas como publicaciones en blogs, vídeos, redes sociales y otras herramientas de contenido, para mostrar la cultura de la empresa, los valores y las oportunidades de crecimiento, y se ofrece una experiencia personalizada. De esta forma, se convierte al interesado en empleado, guiándolo por un «viaje del candidato», donde pasa por el proceso de selección, entrevistas y contratación. Una vez contratado, la empresa sigue trabajando para retener el talento, reforzando la conexión emocional del empleado con la organización y promoviendo su satisfacción laboral.

EJERCICIO 4

Revise sus perfiles en redes sociales, analice sus antecedentes y determine si son correctos a la hora de un proceso de selección. Para ello, analice los siguientes aspectos: fotos inapropiadas, comentarios negativos sobre empleadores anteriores, contenido que genere controversia o discusión, lenguaje inapropiado, exceso de publicaciones personales, información falsa o exagerada, publicaciones que reflejen mala actitud, errores ortográficos y gramaticales, contenido no profesional, conexiones y seguimientos inapropiados, comentarios discriminatorios, participación en discusiones negativas, privacidad inadecuada o publicaciones que muestren poco compromiso profesional.

1.2.2 Estrategias para la búsqueda de empleo relacionadas con las técnicas actuales más utilizadas contextualizadas al sector

Cuando se trata de buscar empleo en el contexto actual, ello implica tener que adaptarse a las técnicas y herramientas modernas que son utilizadas por las empresas en los procesos de selección. Algunas de las estrategias para buscar empleo que se alinean con las prácticas actuales en el sector de recursos humanos son:

1. La optimización de currículo para los sistemas de seguimiento de candidatos (*applicant tracking system*, ATS).

GLOSARIO

ATS, *applicant tracking system*. Se trata de un *software* utilizado por los departamentos de recursos humanos, con el que se gestiona el proceso de selección y contratación de personal. Los ATS permiten automatizar la recolección, organización y análisis de los currículos recibidos, de modo que los reclutadores puedan filtrar y evaluar candidatos de manera más eficiente.

Para optimizar el currículo, seguiremos estos pasos:

1. Usar palabras clave, relevantes con el puesto, que suelen encontrarse en la descripción del trabajo.

2. Utilizar un formato simple: se evitará el uso de gráficos, tablas, imágenes o fuentes inusuales que puedan ser difíciles de leer para el ATS.

3. Incluir secciones estándar, como Experiencia Laboral, Educación, Habilidades y Datos de Contacto. Los ATS están configurados para buscar información en estas secciones.

4. Utilizar texto sin formato, en lugar de elementos gráficos. Los ATS pueden tener dificultades para leer texto incrustado en gráficos o en formato de imagen.

5. No usar encabezados ni pies de página, ya que algunos ATS no pueden leerlos correctamente.

6. Formato de archivo adecuado: envíe su currículo en un formato de archivo compatible, generalmente .doc, .docx o .pdf. Algunos sistemas ATS tienen dificultades para leer algunos tipos de archivos.

7. Consistencia en cuanto a la información y que esté libre de errores tipográficos.

EJERCICIO 5

Revise su *curriculum vitae* siguiendo los pasos anteriores para su optimización. Para ello, elija un puesto de trabajo relacionado con el perfil profesional del título del ciclo formativo que esté cursando.

2. Perfiles en redes profesionales

Cabe mantener actualizado y optimizado el perfil de LinkedIn. Para ello, se debe incluir una foto profesional, un resumen que resulte atractivo y detalles completos de su experiencia y habilidades. También hay que revisar la presencia en redes sociales, asegurando que dicha presencia sea coherente con el perfil profesional. Se debe publicar contenido relevante del sector y participar en debates.

3. Preparación para entrevistas digitales y videoentrevistas. Para ello, se puede practicar respondiendo a preguntas comunes en vídeo, para sentirse cómodo frente a la cámara. Además, se debe asegurar un entorno adecuado, buena conexión a Internet y el equipo necesario (cámara y micrófono de calidad). Se vestirá, igualmente, de forma profesional y se mantendrá el contacto visual con la cámara.

4. Participación en plataformas de evaluación y gamificación. Para familiarizarse con las pruebas, se debe practicar con pruebas psicométricas y técnicas disponibles en línea, así como participar en juegos y simulaciones relacionados con el sector, para demostrar las habilidades de forma interactiva. Algunas de estas plataformas, como Pymetrics, Harver, HireVue, Arctic Shores, Codility, Talent Games, Vervoe o Plum, son de pago, pero a coste cero o bajo coste; sería el caso de Google Forms, Typeform, Kahoot! y Quizizz.

5. *Networking* y referencias. Hay que construir y mantener una red de contactos del sector, ya sea asistiendo a eventos, participando en grupos profesionales en línea o colaborando en proyectos. Además, si se conoce a alguien que trabaje en dicha empresa, se debería pedir una referencia, ya que muchas compañías valoran las recomendaciones internas.

6. Participación en centros de evaluación. En este caso, se debe preparar para actividades grupales y simulaciones, practicando las habilidades de comunicación y trabajo en equipo.

7. Marca personal y *branding*. Se debe crear una marca personal y promocionarla en blogs, porfolios en línea, participación en conferencias o webinarios del sector. Además, se han de publicar artículos, compartir conocimientos y mostrar los proyectos en redes sociales y plataformas profesionales.

GLOSARIO

El *branding* es el proceso de crear y gestionar una marca, lo que incluye todos los elementos que la representan y la diferencian de otras en el mercado. Esto abarca desde el nombre y el logo, hasta la percepción que tienen los consumidores sobre la marca. El objetivo del *branding* reside en construir una identidad sólida y coherente, que resuene en el público objetivo y genere lealtad y reconocimiento.

8. Utilización de portales de empleo y aplicaciones. Se recomienda suscribirse a alertas de empleo y mantenerse al día con las nuevas ofertas, así como usar aplicaciones móviles de búsqueda de empleo.

9. Preparación para evaluaciones psicométricas y técnicas. Se debe practicar para familiarizarse con el formato y tipo de preguntas y mejorar las habilidades técnicas.

10. Proactividad y seguimiento. No hay que esperar a que lleguen las oportunidades; hay que dirigirse a las empresas de interés, incluso aunque no haya vacantes y, luego, se debe hacer un seguimiento, ya sea por llamada o correo electrónico, para mostrar interés y entusiasmo.

1.2.3 Actitudes y aptitudes que permiten superar procesos selectivos en el sector privado y en el sector público

Tanto en el sector privado como en el público, al superar los procesos selectivos, se requiere de un equilibrio entre actitudes positivas y aptitudes específicas, que se alinean con las expectativas y valores del sector correspondiente. Adaptarse a las demandas y demostrar habilidades técnicas como cualidades personales será crucial para destacar y asegurar una posición, ya sea en el sector privado o en el sector público.

Figura 1.2 Principales diferencias entre las actitudes y aptitudes necesarias para superar procesos selectivos, tanto en el sector privado como en el público.

ACTITUDES		
ASPECTO	**SECTOR PRIVADO**	**SECTOR PÚBLICO**
Proactividad	Anticiparse a los problemas y tomar la iniciativa	Cumplir con los procedimientos establecidos
Flexibilidad y adaptabilidad	Adaptarse rápidamente a los cambios y situaciones nuevas Perseverancia	Paciencia ante la burocracia
Orientación a resultados	Alcanzar y superar objetivos	Orientación al servicio público y empatía social
Innovación y creatividad	Proponer ideas nuevas Asumir riesgos calculados	Actuar con integridad y transparencia
Compromiso y ética	Compromiso con la empresa y su misión	Compromiso con la misión y valores del sector público
APTITUDES		
ASPECTO	**SECTOR PRIVADO**	**SECTOR PÚBLICO**
Habilidades de comunicación	Expresar ideas de forma clara y escuchar activamente	Interactuar eficazmente con compañeros y ciudadanos
Competencias técnicas	Dominio de habilidades técnicas, específicas del puesto	Conocimiento de normativa y políticas públicas
Trabajo en equipo	Colaborar eficazmente y resolver conflictos	Diplomacia y profesionalidad
Gestión del tiempo y organización	Gestionar múltiples responsabilidades y priorizar tareas	Planificar y organizar proyectos públicos
Resolución de problemas	Soluciones efectivas a problemas complejos	Tomar decisiones informadas, en beneficio del público
Habilidades administrativas	Uso de herramientas de gestión y administración	Técnicas de Administración pública y gestión de recursos

En cuanto al proceso de selección, tanto en el sector público como en el privado, consta de varias etapas, que requieren de preparación, actitud positiva y aptitudes específicas. La clave en cuestión radica en una combinación de habilidades técnicas y blandas, una actitud proactiva y perseverante y una preparación meticulosa para cada etapa del proceso de selección.

Por la especificidad del proceso de selección en el sector público, podemos sintetizar y esquematizar el proceso en los siguientes puntos:

1. Convocatoria pública: se publica en el boletin oficial correspondiente, detallando los requisitos necesarios, tales como titulación, experiencia y otros criterios específicos.

2. Presentación de solicitudes: se presentan dentro del plazo establecido y adjuntando la documentación requerida, como títulos académicos y certificados.

3. Pruebas selectivas: los exámenes pueden incluir pruebas de conocimiento (teórico y práctico), pruebas psicotécnicas y exámenes físicos. En algunos casos, se valoran los méritos adicionales, como experiencia profesional o formación continua.

4. Entrevistas y evaluaciones complementarias: entrevista personal, en la que se analizan competencias y adecuación al puesto, y evaluaciones psicológicas, como pruebas para evaluar la personalidad y aptitudes del candidato.

5. Lista de aprobados: se publica la lista de aprobados en el boletín oficial y se abre un periodo de reclamaciones, en caso de desacuerdo.

6. Nombramiento y toma de posesión: consiste en la asignación del puesto, de forma que los candidatos aprobados son nombrados y toman posesión del puesto.

El proceso de selección en el sector privado suele ser más flexible y puede variar de forma significativa entre las diferentes empresas. Las etapas típicas del proceso son las siguientes:

1. Identificación de la necesidad: se realiza un análisis del puesto, identificando la vacante y elaborando un perfil del puesto.

2. Publicación de la oferta: el anuncio de la oferta se lleva a cabo en portales de empleo, redes sociales y sitios web de la empresa. Se detallan los requisitos necesarios y las características del puesto.

3. Recepción de candidaturas: se recopilan y filtran los currículos mediante ATS o de forma manual. Se lleva a cabo una selección preliminar, para comprobar si cumplen con los requisitos básicos.

4. Pruebas y entrevistas: se llevan a cabo evaluaciones técnicas, así como entrevistas telefónicas, por videollamada o presenciales, por parte de recursos humanos. Se realizan simulaciones y ejercicios en grupo, para evaluar competencias y habilidades.

5. Evaluaciones adicionales: se trata de pruebas psicométricas de evaluación de personalidad, inteligencia emocional y aptitudes. Se verifican las referencias, tanto sobre experiencia como sobre desempeño del candidato/a.

6. Selección y oferta: se adopta la decisión final por medio de una reunión del equipo de selección y se le presenta la oferta de empleo al candidato/a seleccionado.

7. Incorporación: se ejecuta el *onboarding*, un programa para facilitar la integración del nuevo empleado a la empresa.

GLOSARIO

El *onboarding* es un proceso de integración de nuevas personas al equipo de trabajo, mediante el cual aprenden sobre la organización y cultura de la empresa, conocen a sus compañeros de equipo y colaboradores de otros departamentos y aprenden las herramientas e información que necesitan para su puesto de trabajo.

1.3 CREACIÓN DE LA MARCA PERSONAL

La creación de una marca personal conforma un proceso estratégico que permite posicionarse, de forma efectiva, en el campo profesional y destacar entre la competencia, ya que implica diseñar y comunicar, de manera intencionada, una imagen y una identidad profesional.

Se trata de cómo los demás perciben a una persona en términos de sus capacidades, experiencia y personalidad. Es una forma de **posicionarse como un experto o figura confiable** en un área de trabajo. Resulta esencial en el mundo profesional moderno, donde la diferenciación deviene clave para destacar frente a la competencia.

Por lo tanto, desarrollar una marca personal sólida y efectiva implica identificar las necesidades del mercado actual, comprender las habilidades y destrezas que se tienen y comunicar claramente el aporte de valor.

Figura 1.3. Guía para construir una marca personal.

1.º IDENTIFICACIÓN DE NECESIDADES EN EL MERCADO ACTUAL	A. Investigación del mercado: actualización de las tendencias del sector y cambios y análisis de las habilidades y competencias más demandadas laboralmente
	B. Identificación de problemas y oportunidades de innovación, detectando áreas para aportar soluciones innovadoras o mejorar procesos existentes
2.º COMPRENSIÓN DE HABILIDADES Y DESTREZAS	A. Evaluación personal, mediante listado de habilidades técnicas relevantes en el sector, y de habilidades blandas
	B. Formación y certificaciones: exposición de la formación académica y certificaciones profesionales, así como participación en cursos y talleres, para la actualización y mejora de competencias
3.º APORTE DE VALOR	A. Diferenciación, mediante una propuesta única de valor, definiendo lo que hace ser único y destacando los logros o éxitos pasados
	B. Impacto y contribución, compartiendo historias concretas de valor o éxito y mostrando proyectos personales o de voluntariado
4.º COMUNICACIÓN Y PROMOCIÓN DE LA MARCA PERSONAL	A. Presencia en línea, manteniendo los perfiles profesionales actualizados en LinkedIn o creando un sitio web o porfolio en línea
	B. Contenido y *networking*: publicación de contenido en blogs y *posts* en redes sociales, escribiendo artículos, o bien participando en webinarios o *podcasts;* conectando con profesionales del sector; participando en eventos o foros, y colaborando en proyectos comunitarios o profesionales

En conclusión, la marca personal se refiere a la gestión de la imagen y a la reputación de un individuo, y se enfoca en cómo se percibe a esa persona en su ámbito profesional; mientras que el branding de la marca es el proceso de construir, desarrollar y gestionar la identidad de la marca de la empresa. Se centra, por lo tanto, en cómo los consumidores ven la empresa y sus productos o servicios, cuestión que pasamos a estudiar en el apartado siguiente.

1.3.1 El *branding* y sus elementos

El *branding* es más conocido como el proceso de gestión de marca, plasmado en un conjunto de acciones relacionadas con el posicionamiento, el propósito y los valores de una marca. Su objetivo reside en crear conexiones con el público, para influir en sus decisiones de compra. Esta gestión incluye una planificación a largo plazo y la creación y gestión de los elementos de la marca, para aprovechar la percepción sobre el negocio en la mente de los consumidores. El *branding* es, en esencia, el alma de la empresa. Constituye la manera en que una empresa comunica su personalidad, sus valores y su promesa a los consumidores.

En segundo lugar, debe desarrollarse la identidad mediante la creación de los elementos visuales y verbales que representarán a la marca.

En tercer lugar, se desarrollará una comunicación consistente, para asegurar que todos los puntos de contacto con el cliente mantengan un mensaje y una imagen coherente.

En cuarto lugar, se debe fomentar y construir una relación continua y positiva con los clientes.

Por último, se adaptará y actualizará la marca según las tendencias del mercado y el *feedback* de los clientes, pues se trata de una evolución constante.

PARA RECORDAR

El *marketing* es el mensaje que intentamos transmitir a la sociedad. El *branding* es la identidad de la empresa; la marca es su razón de existencia: el valor auténtico, único y diferencial que puede ofrecer a sus clientes.

Figura 1.4 Elementos del *branding*.

Identidad de la marca	Nombre: denominación con la que se conoce a la marca
	Logo: símbolo o diseño gráfico que representa a la marca
	Colores: paleta de colores asociada a la marca
	Tipografía: tipos de letra utilizados en el material de la marca
Mensaje de la marca	Eslogan: frase corta, con la que se transmite la esencia de la marca
	Valores: principios y creencias que la marca representa
	Tono de voz: la forma en que la marca se comunica
Experiencia de marca	Interacción con el cliente: cómo se relaciona con ellos, a través del servicio al cliente, las redes sociales, el sitio web, etc.
	Productos/servicios: calidad y características
	Ambiente de marca: atmósfera creada en tiendas físicas o en línea, en eventos y en todas las interacciones con la marca

Es importante, a la hora de establecer nuestra marca, seguir una serie de **estrategias.**

En primer lugar, cabe efectuar una investigación de mercado, para entender las necesidades y deseos del público.

EJEMPLO 1

Imagine que se lanza una marca de moda sostenible al mercado llamada RobaEco.

SOLUCIÓN: Pasos a seguir:

- **Nombre:** RobaEco
- **Logotipo:** un diseño minimalista, con un toque de verde, para representar la sostenibilidad
- **Eslogan:** «Elegancia responsable»
- **Productos:** ropa casual y elegante, hecha con materiales orgánicos y reciclados
- *Marketing:* enfocado en redes sociales, colaboraciones con *influencers* de moda sostenible y eventos de lanzamiento en tiendas de moda ecológica
- **Ventas:** principalmente, a través de una tienda *online* y *pop-up stores* en ciudades principales

Al seguir estos pasos, se puede establecer una marca sólida en el sector de la moda y diferenciarse de la competencia, al ofrecer productos únicos y de calidad.

GLOSARIO

Las tiendas *pop-up*, o *pop-up stores*, son una técnica de venta al por menor que implica la apertura de una tienda temporal en una ubicación específica durante un periodo de tiempo limitado.

EJERCICIO 6

Siguiendo el ejemplo anterior, cree una marca de alimentos saludables.

CONCLUSIÓN

Cabe destacar la importancia del *branding* en relación con los siguientes aspectos:

- Diferenciación: para distinguir la marca de las competidoras.

- Reconocimiento: para facilitar que se identifique y recuerde la marca por parte de los consumidores.

- Lealtad del cliente: una marca fuerte y coherente generará lealtad y la elección de la marca sobre otras.

- Valor perceptual: si la marca está bien posicionada, puede justificar que los precios sean más altos, debido a la percepción de mayor valor.

- Consistencia: un *branding* sólido fortalece la identidad y la confianza en la marca.

Reto profesional

Cree una marca personal en relación con el sector de actividad del ciclo formativo que esté cursando, siguiendo los pasos del ejemplo 1. Posteriormente, en el aula, presente su marca personal al grupo-clase.

Mapa conceptual

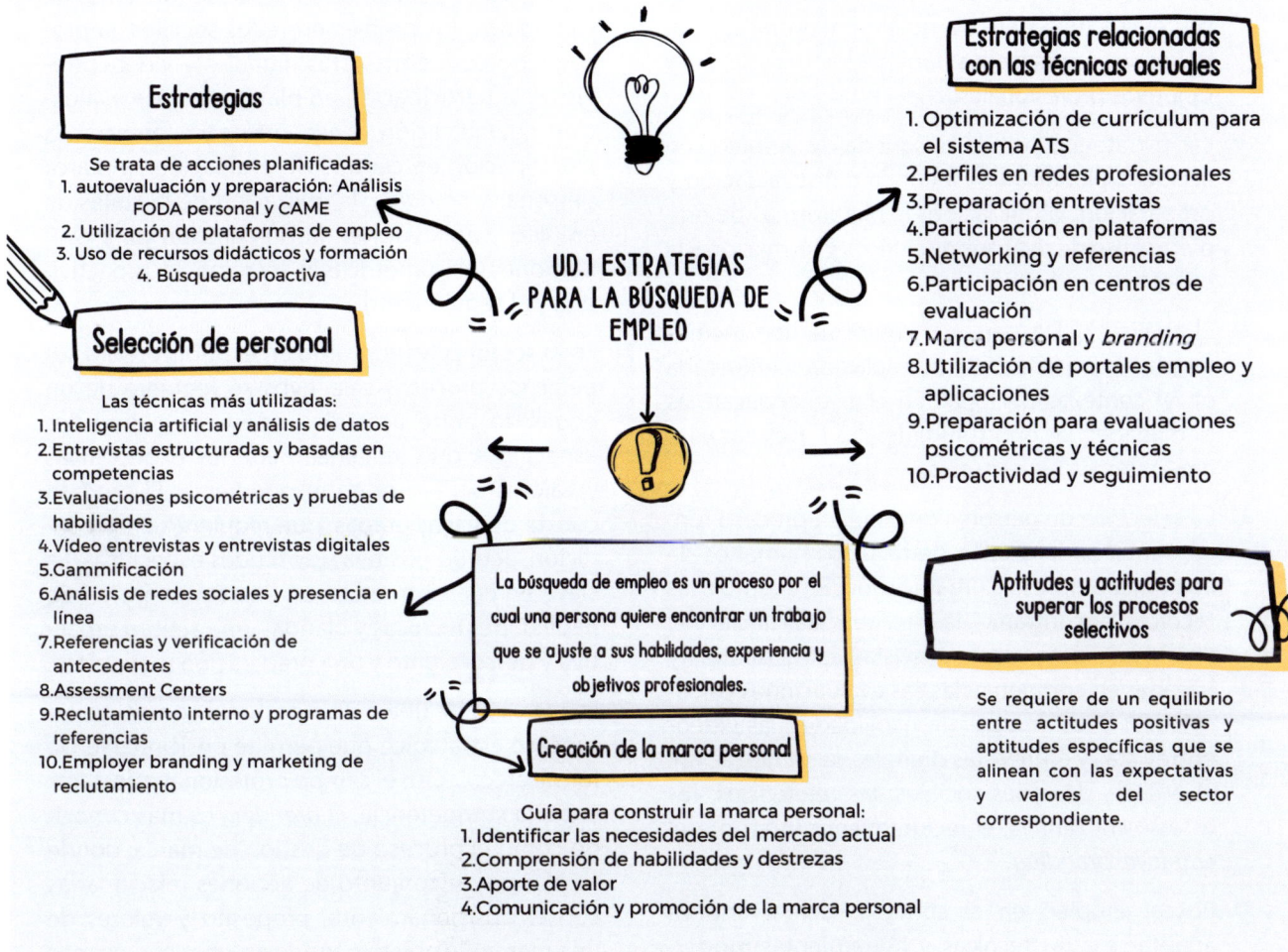

Estrategias

Se trata de acciones planificadas:
1. autoevaluación y preparación: Análisis FODA personal y CAME
2. Utilización de plataformas de empleo
3. Uso de recursos didácticos y formación
4. Búsqueda proactiva

Selección de personal

Las técnicas más utilizadas:
1. Inteligencia artificial y análisis de datos
2. Entrevistas estructuradas y basadas en competencias
3. Evaluaciones psicométricas y pruebas de habilidades
4. Vídeo entrevistas y entrevistas digitales
5. Gammificación
6. Análisis de redes sociales y presencia en línea
7. Referencias y verificación de antecedentes
8. Assessment Centers
9. Reclutamiento interno y programas de referencias
10. Employer branding y marketing de reclutamiento

UD.1 ESTRATEGIAS PARA LA BÚSQUEDA DE EMPLEO

La búsqueda de empleo es un proceso por el cual una persona quiere encontrar un trabajo que se ajuste a sus habilidades, experiencia y objetivos profesionales.

Creación de la marca personal

Guía para construir la marca personal:
1. Identificar las necesidades del mercado actual
2. Comprensión de habilidades y destrezas
3. Aporte de valor
4. Comunicación y promoción de la marca personal

Estrategias relacionadas con las técnicas actuales

1. Optimización de currículum para el sistema ATS
2. Perfiles en redes profesionales
3. Preparación entrevistas
4. Participación en plataformas
5. Networking y referencias
6. Participación en centros de evaluación
7. Marca personal y *branding*
8. Utilización de portales empleo y aplicaciones
9. Preparación para evaluaciones psicométricas y técnicas
10. Proactividad y seguimiento

Aptitudes y actitudes para superar los procesos selectivos

Se requiere de un equilibrio entre actitudes positivas y aptitudes específicas que se alinean con las expectativas y valores del sector correspondiente.

Figura 1.5 Mapa conceptual de la unidad 1, «Estrategias para la búsqueda de empleo».

- La búsqueda de empleo constituye un proceso por el cual una persona quiere encontrar un trabajo que se ajuste a sus habilidades, experiencia y objetivos profesionales.

- Las estrategias para la búsqueda de empleo son acciones planificadas: serían la autoevaluación y preparación, la utilización de plataformas de empleo, el uso de recursos didácticos y formación y la búsqueda proactiva.

- El análisis FODA personal conforma una técnica de planificación estratégica aplicada y empleada en el contexto personal. En ella, se analizan las debilidades, las oportunidades, las fortalezas y las amenazas de las personas.

- La selección de personal deviene un proceso fundamental en la gestión de recursos humanos de cualquier empresa u organización. En cuanto a las técnicas, encontramos la inteligencia artificial y el análisis de datos, las entrevistas estructuradas y basadas en competencias, las evaluaciones psicométricas y las pruebas de habilidades, las videoentrevistas y entrevistas digitales, la gamificación, el análisis de redes sociales, las referencias, los *assessment centers*, el reclutamiento interno y el *employer branding*.

- Buscar empleo en el contexto actual implica adaptarse a las técnicas y herramientas modernas que utilizan las empresas en los procesos de selección. Estas herramientas son la optimización de currículos para los sistemas de seguimiento de candidatos, los perfiles en redes sociales, la preparación para entrevistas digitales y videoentrevistas, la participación en plataformas de evaluación y gamificación, el *networking* y referencias, la participación en centros de evaluación, la marca personal y *branding*, la utilización de portales de empleo y aplicaciones, la preparación para evaluaciones psicométricas y técnicas, la proactividad y el seguimiento.

- En el sector privado, como en el público, para superar los procesos selectivos se requiere de un equilibrio entre actitudes positivas y aptitudes específicas, que se alinean con las expectativas y valores del sector correspondiente. El proceso consta de varias etapas, que requieren de preparación, actitud positiva y aptitudes específicas. La clave en cuestión radica en una combinación de habilidades técnicas y blandas, una actitud proactiva y perseverante y una preparación meticulosa.

- La creación de una marca personal constituye un proceso estratégico que permite posicionarse, de forma efectiva, en el campo profesional y destacar entre la competencia. El *branding* es más conocido como el proceso de gestión de marca, donde se plasma un conjunto de acciones relacionadas con el posicionamiento, propósito y valores de una marca. Su objetivo reside en crear conexiones con el público, para influir en sus decisiones de compra.

TEST DE EVALUACIÓN

1. **Las estrategias para la búsqueda de empleo:**

a) Son acciones planificadas que una persona puede efectuar para aumentar sus posibilidades de encontrar un trabajo.

b) Son acciones no planificadas que una persona puede efectuar para aumentar sus posibilidades de encontrar un trabajo.

c) Son acciones realizadas por un grupo de personas para mantener un empleo.

d) Todas son correctas.

2. **El análisis FODA personal:**

a) Es una herramienta complementaria.

b) Es una técnica de planificación estratégica aplicada y empleada en el contexto personal.

c) Es una técnica de planificación estratégica aplicada y empleada en el contexto profesional.

d) Todas son correctas.

3. **Los sistemas de seguimiento de candidatos:**

a) Ralentizan el proceso de filtrado de currículos, buscando palabras clave y calificando candidatos según criterios preestablecidos.

b) Automatizan el proceso de filtrado de currículos, buscando palabras clave y calificando candidatos según criterios preestablecidos.

c) Automatizan el proceso de filtrado de currículos, buscando palabras que no son clave.

d) Ninguna es correcta.

4. **En los *assessment centers:***

a) Los candidatos responden preguntas grabadas por el reclutador en su propio tiempo.

b) Se contactan referencias proporcionadas por el candidato y se utilizan servicios de verificación de antecedentes.

c) Se utilizan ejercicios grupales y actividades simuladas, para observar cómo los candidatos interactúan y resuelven problemas en equipo.

d) Todas las anteriores.

5. **El *onboarding:***

a) Sirve para automatizar el proceso de filtrado de currículos, buscando palabras clave.

b) Es una técnica de planificación estratégica aplicada y empleada en el contexto personal.

c) Es una herramienta complementaria.

d) Es un programa para facilitar la integración del nuevo empleado a la empresa.

6. **La creación de la marca personal es:**

a) Un proceso estratégico, que permite posicionarse de forma efectiva en el campo profesional y destacar entre la competencia.

b) Un proceso clave, que permite posicionarse de forma efectiva en el campo profesional y destacar entre la competencia.

c) Un proceso de apoyo, que permite posicionarse de forma efectiva en el campo profesional y destacar entre la competencia.

d) Ninguna es correcta.

7. **El *branding* es:**

a) Un proceso de apoyo, que permite posicionarse de forma efectiva en el campo profesional y destacar entre la competencia.

b) Un proceso de gestión de marca, donde se plasma un conjunto de acciones relacionadas con el posicionamiento, el propósito y los valores de una marca.

c) Un programa para facilitar la integración del nuevo empleado a la empresa.

d) Todas son correctas.

8. **Los elementos de una marca son:**

a) Identidad de la marca.

b) Mensaje de la marca.

c) Experiencia de la marca.

d) Todas son correctas.

9. **Las tiendas *pop-up,* o *pop-up stores:***

a) Son una técnica de venta al por mayor que implica la apertura de una tienda temporal en una ubicación específica durante un periodo de tiempo limitado.

b) Son una técnica de venta al por menor que implica la apertura de una tienda temporal en una ubicación específica durante un periodo de tiempo limitado.

c) Son una técnica de venta al por menor que implica la apertura de una tienda definitiva en una ubicación específica durante un periodo de tiempo limitado.

d) Todas las anteriores.

10. **Cuando hablamos de identidad de marca, nos referimos a:**

a) Nombre, logo, colores y tipografía.

b) Interacción con el cliente.

c) Eslogan, valores y tono de voz.

d) Todas las anteriores.

ACTIVIDADES

ACTIVIDAD 1

Lleve a cabo un análisis de sus actitudes para un proceso selectivo, tanto en el sector privado como en el público, destacando aquellas en las que sobresalga.

ACTIVIDAD 2

Lleve a cabo un análisis de sus aptitudes para un proceso selectivo, tanto en el sector privado como en el público, destacando aquellas en las que sobresalga.

ACTIVIDAD 3

Después de crear su marca personal en el reto profesional, lleve a cabo su análisis basándose en la guía para construirla.

Competencias personales, sociales y emocionales

En esta unidad va a estudiar:

- Las competencias personales y sociales para el empleo y el desarrollo de un proyecto emprendedor
- El trabajo en equipo y la toma de decisiones
- La aplicación de las técnicas de comunicación ante situaciones diversas
- La gestión del tiempo para el logro de los objetivos
- Los conflictos y su gestión a través de la inteligencia emocional

Con su estudio, va a ser capaz de:

- Valorar competencias personales y sociales en proyectos emprendedores.
- Participar activamente en el establecimiento de objetivos de un equipo y en la toma de decisiones.
- Conocer las técnicas de presentación y comunicación oral y escrita.
- Aplicar técnicas para la gestión del tiempo y la programación de actividades para lograr los objetivos.
- Gestionar los conflictos y canalizar las emociones mediante la inteligencia emocional, mostrando flexibilidad en las relaciones interpersonales.

2.1 COMPETENCIAS PERSONALES Y SOCIALES PARA EL EMPLEO Y DESARROLLO DE UN PROYECTO EMPRENDEDOR

Las competencias personales y sociales son fundamentales para la empleabilidad en cualquier sector de actividad. Estas competencias no solo complementan las habilidades técnicas, sino que también son importantes para la integración y el desempeño efectivo en el entorno laboral.

2.1.1 Competencias personales

Al hablar de competencias personales, se trata de aquellas habilidades y cualidades que posee una persona y que son valoradas por los empleadores en el mercado laboral. Son competencias personales:

- Autoconocimiento, es decir, la capacidad para reconocer y comprender las propias emociones, fortalezas, valores y motivaciones. Sería el caso de una persona creativa pero que le cuesta organizarse, por lo que busca estrategias para mejorar este aspecto.

- Autogestión: la habilidad de controlar las propias emociones y comportamientos, manteniendo la motivación y manejando el estrés de forma efectiva. Un ejemplo sería la utilización de técnicas de *mindfulness* para gestionar el estrés y mantener la calma ante situaciones difíciles.

- Confianza en uno mismo: se trata del sentimiento de seguridad en las propias capacidades, como el aplomo al mostrar las ideas en una reunión de trabajo, al confiar en los propios conocimientos.

- Responsabilidad: la capacidad para asumir y cumplir con los compromisos y obligaciones, como cumplir con los plazos de entrega de un trabajo.

- Adaptabilidad: la habilidad para ajustarse a los cambios y nuevos desafíos como, por ejemplo, ante cambios en el entorno de trabajo o saber adaptarse.

2.1.2 Competencias sociales

Las competencias sociales para la empleabilidad son habilidades relacionadas con la interacción y comunicación efectiva con otras personas en el entorno laboral. Son competencias sociales:

- La comunicación efectiva, o habilidad para expresar ideas y emociones de forma clara y apropiada, tanto verbalmente como por escrito, además de escuchar activamente a los demás.

- La empatía, o capacidad para comprender y compartir los sentimientos de los demás.

- El trabajo en equipo, o habilidad para colaborar y trabajar eficazmente con otros para alcanzar objetivos comunes.

- La resolución de conflictos, como la capacidad para manejar y resolver los desacuerdos y conflictos de manera constructiva.

- El liderazgo, o habilidad para guiar, influir y motivar a otros para alcanzar objetivos comunes.

- La negociación, como capacidad para llegar a acuerdos satisfactorios mediante la discusión y el compromiso.

- La orientación al cliente, o habilidad para entender y satisfacer las necesidades de los clientes.

Desarrollar y demostrar estas competencias personales y sociales aumenta las posibilidades de conseguir un empleo y de alcanzar el éxito en el ámbito laboral. Además, estas habilidades pueden aprenderse y mejorarse a lo largo del tiempo mediante la práctica y el *feedback*.

GLOSARIO

Feedback es una palabra en inglés que se usa comúnmente en español, y se refiere a la información o respuestas recibidas sobre una acción, producto, servicio o desempeño. Lo que se intenta con el *feedback* es proporcionar una evaluación o retroalimentación que permita mejorar, ajustar o reconocer un trabajo o una conducta.

EJEMPLO 1

María es una recién graduada en Técnico de Grado Medio en Gestión Administrativa. Ha enviado varias solicitudes de empleo y ha sido convocada a una entrevista para el puesto de auxiliar administrativa. La empresa va a valorar sus competencias personales y sociales; la capacidad para comunicarse, trabajar en equipo, resolver conflictos, adaptarse a cambios, mantener una actitud proactiva, manejar el estrés y mostrar empatía.

Solución: Pasos a seguir: 1.º Deberá mostrar una comunicación eficaz, respondiendo de forma concisa y clara. 2.º Cabe destacar algún caso durante el ciclo formativo de trabajo en equipo, ya sea dirigiendo algún proyecto o coordinando al equipo. 3.º En cuanto a la resolución de conflictos, podría aportar la narración de alguna experiencia en la que hubiese mediado para solucionar conflictos entre los miembros del equipo. 4.º En lo referente a la adaptabilidad, ante los cambios en el entorno (por ejemplo, los cambios informáticos), podría resaltar la capacidad de aprendizaje. 5.º Con relación a la actitud proactiva, podría remarcar que, en el tiempo libre, realiza cursos de formación para seguir aprendiendo. 6.º En cuanto al manejo del estrés, podría mostrar cómo organiza el tiempo de trabajo para evitarlo. 7.º Dentro del apartado de la empatía y las habilidades interpersonales, podría recalcar situaciones en las que haya trabajado o colaborado con otras personas ayudando a los demás como voluntaria o en organizaciones sin ánimo de lucro.

EJERCICIO 1

Pedro es un mecánico experimentado que ha decidido abrir su propio taller en la ciudad. Quiere ofrecer un servicio de alta calidad y establecer una reputación sólida en la comunidad local. Está en la fase de planificación, buscando financiación y organizando los recursos necesarios. Determine la aplicación de las competencias personales y sociales que se ven afectadas.

En conclusión, las competencias personales y sociales son muy importantes para el éxito de un proyecto emprendedor. Estas competencias no solo ayudan a iniciar y gestionar un negocio, sino que también devienen cruciales para construir relaciones sólidas, liderar equipos y afrontar los desafíos del mercado. Así, el autoconocimiento y la confianza resultan esenciales para tomar riesgos calculados y liderar proyectos. La resiliencia aparece fundamental para superar todos los desafíos a los que se enfrentan los emprendedores, y también lo son la capacidad de *networking,* dado que puede abrir puertas y nuevas oportunidades, y la resolución de conflictos, pues asegura relaciones sólidas con socios, inversores y clientes.

GLOSARIO

La «capacidad de *networking*» se refiere a la habilidad para establecer, mantener y utilizar una red de contactos profesionales y personales. Esta capacidad es esencial para el crecimiento profesional y empresarial, ya que permite acceder a nuevas oportunidades, recursos, información y apoyo.

2.2 TRABAJO EN EQUIPO Y TOMA DE DECISIONES

El trabajo en equipo resulta esencial en la mayoría de los entornos laborales modernos, ya que fomenta la colaboración, la creatividad y la eficiencia. Para mejorar el trabajo en equipo, es fundamental desarrollar determinadas competencias básicas, con un enfoque especial en la comunicación interna y externa del equipo.

Para que un equipo alcance sus metas de forma eficiente y efectiva, además de tomar decisiones, debe definir sus objetivos, fomentar una comunicación abierta, asignar tareas, involucrar a todos sus miembros en la toma de decisiones, gestionar los conflictos de forma constructiva y proporcionar retroalimentación.

2.2.1 Fases del proceso de toma de decisiones del equipo de trabajo

1. **Establecimiento de los objetivos:** los objetivos deben ser claros y específicos, para que todos los miembros del equipo comprendan lo que se espera lograr. Deben poder medirse para evaluar el éxito y progreso, además de mostrarse realistas y alcanzables, por medio de los recursos disponibles, y relevantes y pertinentes con la misión y visión del equipo. Han de contar, igualmente, con un marco temporal definido para su consecución.

2. **Participación de todos los miembros del equipo:** se deben facilitar sesiones donde los miembros puedan aportar ideas y sugerencias a la hora de definir los objetivos. Siempre se debe buscar un consenso, para asegurar que todos están motivados y comprometidos con los objetivos establecidos.

3. **Proceso de decisión colaborativo:** a la hora de la toma de decisiones, se debe seguir un proceso de decisión colaborativo y democrático, involucrando a todos los miembros mediante discusiones abiertas y votaciones. Además, se debe consultar a expertos o a los miembros con mayor experiencia en el equipo. Se valorarán también las ventajas y desventajas, además de analizar cómo cada opción afecta a los objetivos. Una vez tomada la decisión, todos los miembros se comprometerán a apoyarla y ejecutarla, de forma efectiva.

4. **Asunción de responsabilidad:** se han de definir claramente los roles en los miembros del equipo y su responsabilidad, para lo que será necesario documentarlo, con el fin de evitar equívocos y así poder rendir cuentas. Cada miembro, por tanto, asumirá su responsabilidad individual, de forma personal, sobre sus tareas y acciones, pero también se debe fomentar la responsabilidad del equipo en cuanto a los resultados.

5. **Participación y cooperación:** se busca la transparencia; para ello, cabe fomentar una comunicación abierta y honesta dentro del equipo, así como desarrollar un *feedback* constructivo, para la búsqueda de una mejora continua. También hay que fomentar la cooperación y colaboración mediante actividades y proyectos que así lo requieran, como por medio del fomento de un ambiente de trabajo en el que se requiera apoyo mutuo para el cumplimiento de las tareas. Resulta importarte compartir el liderazgo, mediante la rotación de roles y permitiendo que se produzca un liderazgo situacional; es decir, que el liderazgo se asuma según las necesidades del proyecto y las habilidades de los miembros.

En conclusión, para la mejora continua del equipo de trabajo, resulta esencial la reflexión regular sobre su desempeño. Para ello, se pueden realizar evaluaciones de equipo, sesiones de retroalimentación e implementación de nuevas herramientas y estrategias, para una mayor comunicación y colaboración.

EJERCICIO 2

Pedro, en su taller mecánico, ha creado un equipo de trabajo para la toma de decisiones. Se trata de trabajar con un nuevo proveedor. Defina cuáles serán las fases para la toma de decisiones en el equipo de trabajo.

2.3 APLICACIÓN DE LAS TÉCNICAS DE COMUNICACIÓN ANTE DIVERSAS SITUACIONES

En el proceso de aprendizaje, resulta esencial incorporar técnicas de presentación y comunicación, ya que deviene algo esencial para desarrollar la habilidad de comunicarse de forma efectiva, y no solo dominar habilidades orales y escritas. También se precisa adaptarlas a diferentes situaciones y circunstancias.

La comunicación efectiva es fundamental para establecer relaciones personales y profesionales exitosas. Entre las técnicas de comunicación efectiva más importantes, se encuentran la asertividad y la escucha activa. Ambas habilidades resultan esenciales para expresar ideas y sentimientos de manera clara y respetuosa, así como para comprender y responder adecuadamente a los demás.

2.3.1 Técnicas de comunicación

La incorporación de técnicas de comunicación y presentación, así como adaptarse a cada situación y circunstancia o valorar las oportunidades y enfrentarse a las dificultades, no solo permite mejorar las habilidades individuales, sino que también aumenta la eficacia en las interacciones profesionales y personales.

Son **técnicas orales,** en primer lugar, la vocalización y entonación por medio de ejercicios de dicción, para mejorar la claridad al hablar, así como usar una buena entonación, enfatizando los puntos importantes y manteniendo el interés.

En segundo lugar, se encuentra el lenguaje corporal, con una postura relajada y el uso de gestos naturales. También cabe mantener una escucha activa, con atención y retroalimentación, para demostrar comprensión y empatía. Se pueden utilizar, igualmente, apoyos visuales, como diapositivas, gráficos y vídeos, así como recurrir a las demostraciones prácticas, si fuera necesario.

Son **técnicas escritas** la estructuración del contenido mediante una redacción clara y organizada, utilizando encabezados, listas y párrafos cortos. El estilo y el tono, por su parte, se ajustarán al nivel de formalidad atendiendo al contexto, y se adaptará el tono al mensaje: infor-

mativo (centrándose en la claridad y estructura lógica), persuasivo (utilizando técnicas de persuasión) o emotivo (por medio de anécdotas e historias que conecten emotivamente). Es importante revisar y corregir los errores gramaticales y de estilo, así como solicitar la retroalimentación de otros para mejorar el escrito. También se recomienda el uso de recursos digitales, como herramientas de escritura, *software* de edición y corrección gramatical y, por lo tanto, conocer las plataformas más adecuadas para la publicación de dicho contenido escrito.

Para adaptarse a las diferentes situaciones y circunstancias, se tiene que conocer el contexto, para adaptar el contenido, así como el público al que se dirige. Se tiene que ajustar la técnica a si la presentación será presencial o virtual, o si se trata de una comunicación sincrónica o asincrónica, es decir, si se produce en tiempo real o en diferido.

2.3.2 La netiqueta

Tanto en la comunicación oral como en la escrita, se requiere de unas habilidades específicas, y de la observancia de unas normas de conducta, como es el caso de la netiqueta dentro del entorno digital.

Se trata de un conjunto de normas y comportamientos que se recomiendan para interactuar de forma respetuosa y adecuada en Internet y demás entornos digitales.

Así, nos encontramos con una serie de principios que debemos respetar, tales como:

- La cortesía y el respeto, evitando el lenguaje ofensivo, insultos o comentarios despectivos.

- La claridad y precisión al escribir, para evitar malentendidos. Se deben ignorar las provocaciones y no entrar en conflicto, es decir, no alimentar a estas personas que buscan la discusión.

- Nunca se ha de compartir información personal de otros sin su consentimiento y, por lo tanto, debemos ser conscientes de la importancia de la privacidad y no divulgar datos sensibles en ningún foro público.

- Hay que mostrarse conciso en los correos electrónicos y mensajes, evitando el envío de archivos grandes sin previo aviso o permiso. Del mismo modo, no se ha de escribir todo en mayúsculas, porque equivale a gritar.

- Se deben citar las fuentes cuando se compartan contenidos y reconocer las contribuciones que realizan otros.

- Tampoco se pueden mandar correos electrónicos no solicitados, mensajes repetitivos o promociones no deseadas. Siempre hay que mostrar comprensión con los demás, dado que no todos disponen del mismo nivel tecnológico.

EJERCICIO 3

Revise sus redes sociales y compruebe que sigue las normas de conducta de la netiqueta; para ello, ríjase por los principios que aparecen reflejados en el apartado anterior.

2.4 LA GESTIÓN DEL TIEMPO PARA EL LOGRO DE LOS OBJETIVOS

Para aumentar la productividad, alcanzar los objetivos de forma eficiente y, por lo tanto, reducir el estrés, se debe gestionar el tiempo. Esto sirve tanto para el trabajo en equipo como para el trabajo individual. Por ello, se han de adoptar estrategias y técnicas que sirvan para ayudar a la programación y gestión de actividades de forma efectiva, asegurando que se alcancen los objetivos que se hayan establecido.

2.4.1 Estrategias de organización eficiente para la programación de actividades

Una de las estrategias es *establecer prioridades;* para ello, se puede utilizar el método ABCDE o la matriz de Eisenhower. Ambas se utilizan para priorizar tareas y resolver problemas.

Figura 2.1 Estrategias para establecer prioridades.

MÉTODO ABCDE	MATRIZ DE EISENHOWER
Clasifique las tareas en cinco categorías:	Divida las tareas en cuatro cuadrantes:
A: tareas cruciales que deben hacerse hoy	**Urgente e importante:** hacer de inmediato
B: tareas importantes que deben hacerse, pero que no son urgentes	**Importante pero no urgente:** planificar para hacer después
C: Tareas que son buenas de hacer, pero no son esenciales	**Urgente pero no importante:** delegar
D: tareas que se pueden delegar	**Ni urgente ni importante:** eliminar
E: tareas que se pueden eliminar	

Otra estrategia es *la planificación y la organización.* Para ello, es conveniente crear una lista de tareas pendientes, porque ayuda a visualizarlas. También es interesante utilizar un calendario para planificar y dejar tiempo para las tareas importantes y las reuniones, como calendarios digitales (Google Calendar o aplicaciones como Todoist).

La agenda diaria servirá para planificar, al inicio o final de la jornada, las actividades del día siguiente.

También se pueden *establecer metas SMART,* es decir, que sean específicas, claras y bien definidas; que sean medibles, con lo que los resultados se mostrarán cuantificables, alcanzables, relevantes y con un plazo determinado.

Para ser más productivo, se pueden *utilizar diferentes técnicas de productividad,* que pueden ser más o menos adecuadas, dependiendo del estilo de trabajo y de las necesidades individuales. Se puede experimentar con diferentes métodos, para encontrar la combinación que funcione mejor, no solo para aumentar la eficiencia, sino para reducir el estrés y lograr la consecución de los objetivos. Algunas técnicas serían:

- Técnica Pomodoro: se trabaja en intervalos de 25 minutos seguidos, con un breve descanso de 5. Después de cuatro intervalos, se toma un descanso más largo.

- Bloqueo de tiempo: se divide el día en bloques de tiempo, dedicados a tareas específicas o tipos de trabajo, minimizando la multitarea y las interrupciones.

- Método de los dos minutos: consiste en que, si una tarea se puede realizar en ese tiempo o en menos, hay que hacerla de inmediato.

Otra estrategia es *delegar las tareas;* para ello, se identifican las tareas delegables y la persona a quien se le asignará dicha tarea. Pero cabe asegurarse de que esa persona sea la adecuada, es decir, que disponga de las habilidades y recursos necesarios para completarla.

Es importante *eliminar las distracciones,* creando un ambiente de trabajo adecuado y organizado, controlando el uso de las tecnologías, ya sea limitando el tiempo de acceso a redes sociales durante el tiempo de trabajo, o desactivando las notificaciones cuando se trabaja. Se deben introducir pausas durante el trabajo, por medio de descansos regulares, con el fin de mantener la concentración, así como realizar algún tipo de actividad física, ya sea algún ejercicio o movimiento para mejorar la productividad. Resulta conveniente revisar regularmente el progreso y ajustar los planes, así como identificar aquellas estrategias que han funcionado mejor en la gestión del tiempo.

2.4.2 Aplicación de estrategias de regulación emocional

Se trata de técnicas y métodos utilizados para manejar y modificar las respuestas emocionales. Son esenciales tanto en el ámbito personal como en el profesional, para poder mantener el equilibrio emocional, tomar decisiones racionales y mejorar las relaciones interpersonales.

Algunas de las estrategias son:

- Reevaluación cognitiva, que consiste en reinterpretar una situación para cambiar su significado emocional, como aprender de una frustración.

- Meditación, para reducir el estrés y mejorar la auto-observación.

- Modificación del entorno, para reducir la exposición a desencadenantes emocionales.

- Mejora de la forma de expresar las emociones y de escuchar a los demás. Se trata de practicar la comunicación asertiva y la escucha activa.

- Realización de técnicas de relajación, para reducir la tensión física y emocional.

- Establecimiento de metas realistas y objetivos alcanzables, para evitar la frustración y el estrés.

- Redacción de un diario de emociones, que ayuda a comprender los patrones emocionales y a encontrar soluciones.

- Resulta importante buscar apoyo profesional, para desarrollar estrategias de tipo personalizado.

EJERCICIO 4

Ana trabaja de técnico de edificación y obra civil y se enfrenta a altos niveles de estrés, debido a su gran responsabilidad y a los plazos ajustados. Decide aplicar varias estrategias de regulación emocional. Ponga un ejemplo de cada una de las estrategias utilizadas.

2.5 LOS CONFLICTOS Y SU GESTIÓN A TRAVÉS DE LA INTELIGENCIA EMOCIONAL

Ante un conflicto personal o profesional, resulta crucial poseer la habilidad de saber gestionarlo. Por ello, la inteligencia emocional desempeña un papel primordial en dicha gestión, ya que permite comprender y manejar las emociones ajenas y propias de una forma efectiva.

2.5.1 Tipos de conflictos

Los conflictos pueden clasificarse atendiendo a sus características, a las partes involucradas y a la naturaleza del desacuerdo:

- **Conflictos interpersonales:** surgen entre personas debido a discrepancias de opinión, intereses, valores o personalidades. Lo más común son las discusiones en el trabajo por disputas en proyectos o planes.

- **Conflictos intrapersonales:** son conflictos internos que experimenta un individuo consigo mismo. Sería

el caso surgido ante la disyuntiva de si aceptar o no una oferta de trabajo que implicase un traslado de domicilio familiar.

- **Conflictos intergrupales:** se desarrollan entre diferentes grupos o equipos dentro de una organización, como las discusiones entre departamentos ante una nueva idea o estrategia que adoptar.

- **Conflictos intragrupales:** se originan dentro de un mismo grupo o equipo. Así, suele ser habitual la discusión dentro de un equipo de trabajo sobre la distribución de las tareas.

2.5.2 Inteligencia emocional y gestión de conflictos

Se parte de la base de que la inteligencia emocional se compone de diversas competencias clave. Mediante la inteligencia emocional se puede facilitar la gestión efectiva de los conflictos. Las competencias clave son las siguientes:

La **autoconciencia,** mediante la cual se identifican las emociones ante un conflicto y se hace comprender cómo afectan a las decisiones o reacciones.

La **autorregulación,** que conlleva mantener la calma y no dar respuestas impulsivas ante situaciones conflictivas.

La **motivación** permite al individuo mantener una actitud positiva y buscar soluciones constructivas.

La **empatía;** al comprenderse los sentimientos y emociones de los demás, facilita la resolución de un conflicto y reduce la tensión.

Las **habilidades sociales;** mediante una comunicación efectiva y la negociación para resolver conflictos, fomentan la construcción de relaciones sólidas.

Por ello, la gestión efectiva de conflictos a través de la inteligencia emocional no solo resuelve desacuerdos, sino que fortalece las relaciones y mejora la colaboración. Para ello, se aplican una serie de estrategias con las cuales manejar los conflictos de forma constructiva y encontrar, a la vez, soluciones que beneficien a todas las partes involucradas.

Figura 2.2 Estrategias para la gestión de conflictos.

ESTRATEGIAS	APLICACIÓN
Comunicación abierta y efectiva	Fomentar el diálogo abierto, mediante la escucha activa
Búsqueda del entendimiento común	Mediante intereses y objetivos comunes, construir una solución mutuamente aceptable

Figura 2.2 (Continuación).

ESTRATEGIAS	APLICACIÓN
Uso del «yo» en la comunicación	Utilizar afirmaciones en primera persona, como «yo siento», en lugar de «tú hiciste». Esto evita que la otra persona se ponga a la defensiva
Exploración de opciones creativas	Mediante una lluvia de ideas, encontrar soluciones innovadoras
Compromiso y flexibilidad	Indicar los aspectos negociables y estar dispuesto a ceder
Técnicas de mediación	Utilizar a un tercero neutral, para facilitar la resolución del conflicto

EJERCICIO 5

Analice el siguiente supuesto mediante la aplicación de estrategias de gestión de conflictos mediante la inteligencia emocional: «Luis y Clara son miembros de un equipo de trabajo de desarrollo de un producto. Luis prefiere un enfoque conservador, con el que se minimizan los riesgos, mientras que Clara quiere probar una solución innovadora, que podría diferenciar al producto en el mercado».

Reto profesional

Lleve a cabo una simulación o *role-playing* en un equipo de trabajo de una empresa que atraviesa un conflicto, mediante un pequeño grupo de tres alumnos asumiendo los siguientes roles: trabajador exigente y detallista, trabajador flexible y jefe de equipo. Todos deberán defender sus posturas y llegar a un acuerdo.

Mapa conceptual

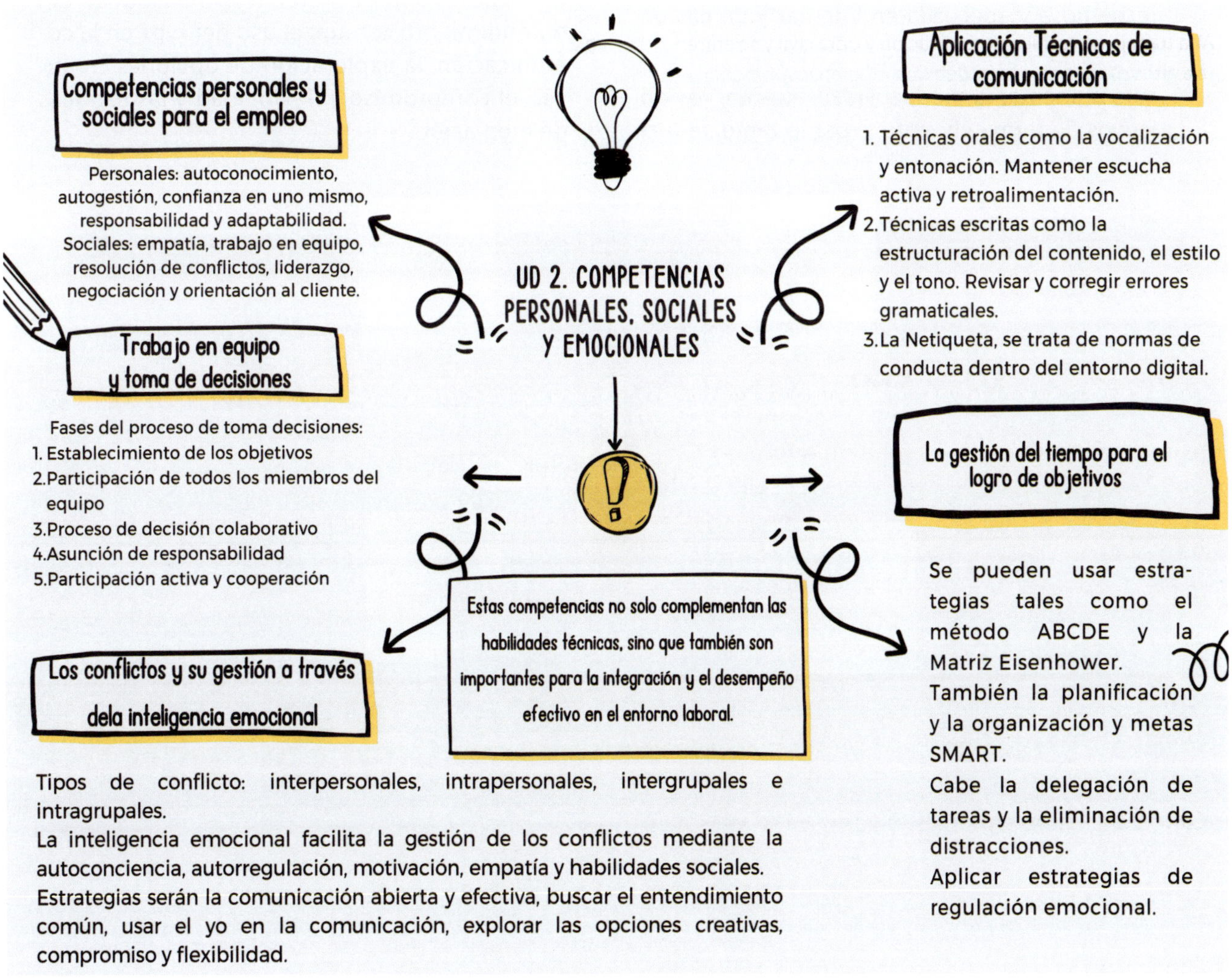

Competencias personales y sociales para el empleo

Personales: autoconocimiento, autogestión, confianza en uno mismo, responsabilidad y adaptabilidad. Sociales: empatía, trabajo en equipo, resolución de conflictos, liderazgo, negociación y orientación al cliente.

Trabajo en equipo y toma de decisiones

Fases del proceso de toma decisiones:
1. Establecimiento de los objetivos
2. Participación de todos los miembros del equipo
3. Proceso de decisión colaborativo
4. Asunción de responsabilidad
5. Participación activa y cooperación

Los conflictos y su gestión a través dela inteligencia emocional

UD 2. COMPETENCIAS PERSONALES, SOCIALES Y EMOCIONALES

Estas competencias no solo complementan las habilidades técnicas, sino que también son importantes para la integración y el desempeño efectivo en el entorno laboral.

Aplicación Técnicas de comunicación

1. Técnicas orales como la vocalización y entonación. Mantener escucha activa y retroalimentación.
2. Técnicas escritas como la estructuración del contenido, el estilo y el tono. Revisar y corregir errores gramaticales.
3. La Netiqueta, se trata de normas de conducta dentro del entorno digital.

La gestión del tiempo para el logro de objetivos

Se pueden usar estrategias tales como el método ABCDE y la Matriz Eisenhower. También la planificación y la organización y metas SMART. Cabe la delegación de tareas y la eliminación de distracciones. Aplicar estrategias de regulación emocional.

Tipos de conflicto: interpersonales, intrapersonales, intergrupales e intragrupales.
La inteligencia emocional facilita la gestión de los conflictos mediante la autoconciencia, autorregulación, motivación, empatía y habilidades sociales.
Estrategias serán la comunicación abierta y efectiva, buscar el entendimiento común, usar el yo en la comunicación, explorar las opciones creativas, compromiso y flexibilidad.

Figura 2.3 Mapa conceptual de la unidad 2, «Competencias personales, sociales y emocionales».

RESUMEN

- Las competencias personales y sociales son fundamentales para la empleabilidad en cualquier sector de actividad: complementan las habilidades técnicas y se muestran importantes para la integración y el desempeño efectivo en el entorno laboral.

- El trabajo en equipo resulta esencial en la mayoría de los entornos laborales modernos, ya que fomenta la colaboración, la creatividad y la eficiencia. Son fases del proceso el establecimiento de objetivos, la participación de todos los miembros, el proceso de decisión colaborativo, la asunción de responsabilidad, la participación y la cooperación.

- La comunicación efectiva deviene fundamental para establecer relaciones. Es importante la asertividad y la escucha activa, así como la incorporación de técnicas de comunicación y presentación, tanto escritas como orales. Pero, para poder adaptarse a las distintas situaciones, se ha de conocer el contexto.

- La netiqueta, dentro del entorno digital, conforma un conjunto de normas y comportamientos que se recomiendan para interactuar de forma respetuosa y adecuada en Internet y demás entornos digitales.

- Para aumentar la productividad, alcanzar los objetivos de forma eficiente y, por lo tanto, reducir el estrés, se debe gestionar el tiempo. Para ello, se pueden utilizar estrategias como el método ABCDE y la matriz de Eisenhower. Las estrategias de regulación emocional son técnicas utilizadas para manejar y modificar las respuestas emocionales. Otra estrategia consistiría en la planificación y la organización, creando una lista de tareas pendientes para ayudar a visualizarlas. También cabe establecer metas SMART, así como delegar las tareas y eliminar las distracciones. Resulta importante, igualmente, la aplicación de estrategias de regulación emocional, ya que son técnicas y métodos utilizados para manejar y modificar las respuestas emocionales.

- Ante un conflicto, deviene crucial contar con la habilidad suficiente como para saber gestionarlo. Los conflictos se clasifican en interpersonales, intrapersonales, intergrupales e intragrupales.

- Las competencias clave de la inteligencia emocional para la gestión de conflictos son la autoconciencia, la autorregulación, la motivación, la empatía y las habilidades sociales. Son estrategias para la gestión de conflictos, la comunicación abierta y efectiva, la búsqueda del entendimiento común, el uso del «yo» en la comunicación, la exploración de opciones creativas, el compromiso y flexibilidad y las técnicas de mediación.

1. Son competencias personales:

a) El autoconocimiento y la autogestión.

b) La confianza en uno mismo, la responsabilidad y la adaptabilidad.

c) Ninguna es correcta.

d) Todas son correctas.

2. Son competencias sociales:

a) La comunicación efectiva y la empatía.

b) La confianza en uno mismo, la responsabilidad y la adaptabilidad.

c) El autoconocimiento y la autogestión.

d) Ninguna es correcta.

3. Para que un equipo pueda alcanzar sus metas de forma eficiente y efectiva, así como tomar decisiones:

a) No hace falta gestionar los conflictos.

b) Debe definir sus objetivos y fomentar una comunicación abierta.

c) No se necesita la retroalimentación.

d) Ninguna es correcta.

4. Son fases del proceso de toma de decisiones del equipo de trabajo:

a) Establecer objetivos.

b) Liderar una participación y decisión colaborativa.

c) Asumir responsabilidades y participar de forma activa.

d) Todas las anteriores.

5. Son técnicas de comunicación:

a) La vocalización y entonación y el lenguaje corporal.

b) La redacción clara y organizada en la estructuración del contenido.

c) Todas son correctas.

d) Ninguna es correcta.

6. La netiqueta es:

a) Un proceso estratégico, que permite posicionarse de forma efectiva en el campo profesional y destacar entre la competencia.

b) Un proceso clave, que permite posicionarse de forma efectiva en el campo profesional y destacar entre la competencia.

c) Un conjunto de normas y comportamientos recomendados para interactuar de forma respetuosa y adecuada en los entornos digitales.

d) Ninguna es correcta.

7. El método ABCDE es:

a) Una estrategia para establecer prioridades, por la que se dividen las tareas en cuatro cuadrantes.

b) Una estrategia para establecer prioridades, por la que se dividen las tareas en cinco categorías.

c) Una estrategia para establecer prioridades, por la que se dividen las tareas en cinco cuadrantes.

d) Una estrategia para establecer prioridades, por la que se dividen las tareas en cuatro categorías.

8. Un conflicto intrapersonal:

a) Es un conflicto interno, que experimenta un individuo consigo mismo.

b) Es un conflicto entre personas por discrepancias.

c) Es un conflicto entre grupos en una organización.

d) Ninguna es correcta.

9. Un conflicto interpersonal:

a) Es lo mismo que un conflicto intrapersonal.

b) Es no estar conforme con las ideas adoptadas en el equipo de trabajo.

c) Es no estar conforme con la distribución de las tareas en el equipo de trabajo.

d) Ninguna de las anteriores.

10. La inteligencia emocional se compone de diversas competencias clave que:

a) Facilitan la gestión efectiva de los conflictos.

b) Algunas de ellas son la autoconciencia, la autorregulación, la motivación, la empatía y las habilidades sociales.

c) Fortalecen las relaciones y mejoran la colaboración.

d) Todas las anteriores.

ACTIVIDADES

ACTIVIDAD 1

Realice un cuadro sinóptico destacando sus competencias personales y sociales ante un puesto de trabajo en un sector de actividad. Puede ayudarse de plantillas de cuadros sinópticos gratuitas como:

https://www.canva.com/

ACTIVIDAD 2

Practique, en parejas, una presentación breve sobre sí mismo, utilizando técnicas orales de comunicación y, posteriormente, evalúe a su pareja utilizando una escala de valoración del 1 al 5, con la que se valoren la vocalización y entonación, el lenguaje corporal y la escucha activa.

ACTIVIDAD 3

Ante el siguiente supuesto práctico, determine la prioridad de las tareas utilizando el método ABCDE:

«Juan, propietario de un taller de reparación de componentes eléctricos, tiene un día lleno de actividades. Necesita priorizar sus tareas de manera efectiva, para cumplir con las demandas de sus clientes y gestionar su tiempo de forma óptima. Las tareas del día son las siguientes:

1. Reparar un componente eléctrico clave para una empresa que lo necesita urgentemente para su operación (fecha de entrega: mañana).

2. Llamar a un proveedor para resolver un problema con el suministro de piezas, lo cual está afectando a la reparación de otros trabajos.

3. Atender a un nuevo cliente, que viene sin cita a preguntar sobre los servicios.

4. Revisar y responder correos electrónicos, algunos de los cuales son de clientes con consultas generales.

5. Delegar a su asistente el seguimiento de un pedido de piezas para una reparación no urgente».

Habilidades emprendedoras en los procesos de innovación e investigación sostenible

En esta unidad va a estudiar:

- Habilidades emprendedoras, concepto y tipos de emprendimiento.
- Innovación relacionada con sostenibilidad y bienestar.
- Análisis de metodologías para emprender.
- Innovación como fuente de empleo y bienestar.
- Desarrollo de habilidades emprendedoras.
- Trabajo colaborativo aplicado.
- Competencia digital para mejorar procesos innovadores.
- Sostenibilidad integrada en la estrategia empresarial.

Con su estudio, va a ser capaz de:

- Relacionar innovación con una sociedad sostenible.
- Analizar metodologías de emprendimiento y su impacto en empleo y bienestar.
- Fomentar habilidades emprendedoras integrales.
- Aplicar trabajo colaborativo en procesos innovadores.
- Impulsar sostenibilidad y competencia digital en estrategias empresariales.

3.1 Habilidades emprendedoras en los procesos de innovación e investigación sostenible

Las habilidades emprendedoras son fundamentales para impulsar la innovación e investigación sostenible, ya que permiten a los individuos y organizaciones abordar desafíos complejos, aprovechar oportunidades de negocio responsables y crear valor económico, social y ambiental. Por ello, desarrollan un papel esencial, ya que estas competencias permiten a los emprendedores no solo desarrollar soluciones innovadoras, sino también asegurar que dichas soluciones contribuyan al bienestar social y la protección del medio ambiente. Fomentar y desarrollar estas habilidades es fundamental para cualquier emprendedor que busque tener un impacto positivo y duradero en el mundo.

3.1.1 Principales habilidades emprendedoras

Las principales habilidades emprendedoras realmente esenciales en estos procesos de innovación e investigación sostenibles son las siguientes:

1. **El pensamiento creativo e innovador:** ya que es clave pensar de forma creativa para poder desarrollar soluciones innovadoras que promuevan la sostenibilidad, por lo que se requiere crear productos, servicios e ideas de negocio con los cuales minimizar el impacto ambiental y que respondan a necesidades emergentes. Es necesario participar en redes y comunidades de innovación abierta, puesto que permite a los emprendedores colaborar con otros.

GLOSARIO

La **sostenibilidad** es un enfoque por el que se busca satisfacer necesidades presentes sin comprometer la capacidad de las futuras generaciones para satisfacer sus propias necesidades. Se basa en el equilibrio entre promover un crecimiento económico responsable, eficiente y equitativo, fomentar la justicia social y preservar el medio ambiente.

2. **Una visión estratégica:** se debe incorporar la sostenibilidad como un objetivo central con una planificación a largo plazo. Es importante la capacidad de adaptarse a los cambios en el entorno, como las nuevas regulaciones ambientales o los cambios en las preferencias de los consumidores.

3. **La capacidad de resolución de problemas:** al estar ante desafíos complejos, como la reducción de la huella de carbono, la gestión de residuos o la conservación de recursos naturales, se debe ser hábil en identificar problemas, analizar sus causas y establecer soluciones efectivas. Por ello, resulta fundamental comprender las interconexiones entre diferentes elementos del ecosistema empresarial y ambiental.

GLOSARIO

La **reducción de la huella de carbono** se refiere al proceso de disminuir la cantidad total de **emisiones de gases de efecto invernadero (GEI)**, especialmente el **dióxido de carbono (CO_2)**, que una persona, empresa, actividad o producto genera directa o indirectamente. Estos gases son responsables del **calentamiento global** y el **cambio climático**, por lo que reducir la huella de carbono deviene crucial para mitigar su impacto en el medio ambiente.

PARA SABER MÁS

Sobre la reducción de la huella de carbono, visite la página de la Unión Europea:

https://youth.europa.eu/get-involved/sustainable-development/how-reduce-my-carbon-footprint_es

4. **La capacidad de liderazgo:** para poder liderar equipos de cara a conseguir unos objetivos sostenibles, además de inspirarlos y movilizarlos, se ha de contar con un liderazgo ético, puesto que la toma de decisiones éticas es muy importante en el contexto de la sostenibilidad, y se debe actuar con integridad y responsabilidad.

5. **La gestión de recursos:** se requiere de un uso eficiente y responsable de los recursos; por lo tanto, se debe gestionar para minimizar el desperdicio y maximizar el impacto positivo de las iniciativas. Resulta importante acudir a fuentes de financiación, como fondos verdes o inversiones de impacto, para sostener estas iniciativas a largo plazo (que se estudiarán en la unidad 5).

6. **El conocimiento técnico y científico:** los emprendedores en el campo de la innovación sostenible deben atesorar un sólido conocimiento de las tecnologías destinadas a reducir el impacto ambiental, como las energías renovables, el reciclaje avanzado y la producción limpia. Por lo tanto, dirigir y gestionar proyectos de I + D deviene esencial para la innovación sostenible.

Los **fondos verdes** o **inversiones de impacto** son tipos de inversiones orientadas a generar **beneficios financieros**, mientras se busca un **impacto positivo en el medio ambiente, la sociedad** o ambos. Estos fondos permiten a los inversores apoyar proyectos sostenibles y éticos, que contribuyen al bienestar global, mientras obtienen retornos económicos. Ejemplos de inversiones en fondos verdes serían los parques eólicos, los paneles solares, las tecnologías limpias y las soluciones de transporte sostenible.

7. **La capacidad de *networking*:** resulta importante mostrarse experto en construir y mantener redes de contactos, que permitan acceder a recursos, conocimientos y oportunidades de mercado, además de involucrarse en participar en comunidades de emprendedores, puesto que facilita el intercambio de ideas, la colaboración y el acceso a soporte técnico y financiero.

8. **La habilidad de comunicación:** se debe ser capaz de comunicar, de manera efectiva, la visión y los objetivos sostenibles del proyecto a diversos públicos. Se ha de promover igualmente la transparencia; esto incluye la capacidad de elaborar informes de sostenibilidad, donde se detalle el impacto ambiental y social de las actividades empresariales.

9. **La resiliencia y perseverancia:** debido a que surgen numerosos desafíos, se ha de ser resiliente y perseverante para superar los obstáculos y, además, hay que mantenerse en un aprendizaje continuo ante las nuevas tendencias, tecnologías y normativas ambientales.

10. **La orientación al impacto social y ambiental:** se ha de estar profundamente comprometido con la creación de valor, tanto económico como social y ambiental.

La habilidad para medir y evaluar el impacto social y ambiental de las iniciativas deviene clave para asegurar que los proyectos contribuyan verdaderamente a la sostenibilidad. Esto implica establecer métricas claras y realizar un seguimiento continuo del progreso hacia los objetivos de impacto.

EJEMPLO 1

María es una técnica con experiencia en energías renovables. Tras varios años trabajando para una empresa de energía, decide emprender su propio negocio en el sector de la energía solar. Su objetivo reside en ofrecer sistemas de paneles solares personalizados para hogares y pequeñas empresas en su región, donde el uso de energías limpias aún se encuentra en sus primeras etapas. María cuenta con conocimientos técnicos, pero tendrá que desarrollar otras habilidades emprendedoras para llevar su idea a buen puerto.

EJEMPLO 1 (continuación)

Solución:

Creatividad: decide ofrecer un servicio de mantenimiento preventivo, con sensores que detectan problemas antes de que los clientes los noten.

Capacidad de análisis y toma de decisiones, evaluando riesgos y beneficios, para elegir la opción más adecuada para su situación financiera y sus objetivos a largo plazo.

María fomenta una cultura de colaboración y comunicación abierta, organizando reuniones semanales, para discutir sobre los avances y desafíos. Además, se asegura de que cada miembro del equipo tenga claros su rol y las expectativas.

María demuestra resiliencia y adaptabilidad, buscando nuevos proveedores y comunicando de manera proactiva a sus clientes los cambios. Ofrece descuentos y compensaciones como una muestra de buena voluntad.

EJERCICIO 1

Un emprendedor aplica diversas habilidades emprendedoras a lo largo del proceso de puesta en marcha y crecimiento de su negocio, una pequeña empresa de tecnología que ofrece soluciones de *software* personalizadas para pymes. El emprendedor identifica la necesidad de estas de contar con soluciones tecnológicas accesibles para gestionar inventarios y automatizar procesos de ventas, lo que representa una brecha en el mercado. Determine, al menos, tres de las habilidades emprendedoras que debe desarrollar.

3.2 Concepto de emprendimiento y tipos

El emprendimiento es un proceso dinámico, que implica la creación, desarrollo y gestión de un nuevo negocio, con el fin de ofrecer productos o servicios innovadores. Por lo tanto, se refiere a la acción de iniciar y operar un nuevo negocio, combinando de forma innovadora los recursos para generar valor y satisfacer necesidades del mercado. Un emprendedor/a será aquel individuo que identifica una oportunidad, toma riesgos calculados y pone en marcha un proyecto para obtener beneficios económicos y/o sociales.

3.2.1 Tipos de emprendimiento

Se refiere a las diversas formas en que las personas o grupos desarrollan un negocio o iniciativa, dependiendo de sus objetivos, recursos, mercado y naturaleza del proyecto.

Figura 3.1 Clasificación de los principales tipos de emprendimiento.

TIPO	DEFINICIÓN	EJEMPLOS
Tradicional	Se identifica una oportunidad en el mercado, se desarrolla un producto o servicio y se busca un modelo de negocio rentable	Una tienda de ropa, una cafetería o una empresa de consultoría
Social	Se busca resolver problemas sociales o ambientales, como la pobreza, la educación o la sostenibilidad	Empresas que fabrican productos con materiales reciclados, negocios que emplean a personas en situación de vulnerabilidad o *startups* que buscan mejorar el acceso a la educación en comunidades desfavorecidas
Tecnológico o *startup*	Se caracteriza por estar centrado en el desarrollo de soluciones tecnológicas innovadoras y disruptivas	Empresas de *software*, aplicaciones móviles, *fintech* (tecnología financiera), inteligencia artificial o tecnología de *blockchain*
Corporativo o intraemprendimiento	Se busca fomentar la innovación y mejorar la competitividad desde dentro de la empresa	Un equipo dentro de una gran empresa de tecnología, que desarrolla una nueva aplicación
Verde o sostenible	Se enfoca en la creación de productos o servicios que promuevan la sostenibilidad ambiental	Empresas de energía renovable, negocios de reciclaje, producción de alimentos orgánicos o productos de bajo consumo energético
De franquicias	Se compran los derechos de una franquicia ya existente. Esto le permite operar bajo una marca reconocida, con un modelo de negocio probado	Franquicias de comida rápida, como McDonald's

Figura 3.1 (Continuación).

TIPO	DEFINICIÓN	EJEMPLOS
***Freelance* o autónomo**	Persona que ofrece sus habilidades o servicios de forma independiente, sin estar vinculada a una empresa fija Los *freelancers* suelen trabajar por proyectos y tienen flexibilidad en cuanto a los clientes y el tipo de trabajo que realizan	Diseñadores gráficos, programadores, consultores, escritores o fotógrafos independientes
Escalable	Su objetivo es crear un negocio que pueda crecer rápidamente y a gran escala, a menudo con la ayuda de inversión externa	Aplicaciones tecnológicas como Uber o Airbnb
De pequeña empresa	Se trata de un negocio que pueda mantenerse a largo plazo y proporcionar ingresos constantes	Tiendas locales, pequeñas panaderías, peluquerías o negocios familiares
Digital	Se trata de negocios que operan principalmente en línea, como tiendas de comercio electrónico, *marketing* digital, creación de contenido o plataformas de servicios en la web	Tiendas en línea como Amazon, blogs monetizados, *influencers* en redes sociales o empresas que operan solo a través de aplicaciones móviles o sitios web
Con base científica	Nacen de una investigación científica o tecnológica. Estos negocios suelen implicar innovaciones en campos como la biotecnología, la medicina o la ingeniería y pueden requerir largos periodos de desarrollo y validación, antes de llegar al mercado	*Startups* de biotecnología, empresas de desarrollo de medicamentos o innovación en tecnologías médicas

El *fintech*, o **tecnología financiera**, se refiere al uso de tecnologías innovadoras para ofrecer servicios financieros de manera más eficiente, rápida y accesible. Un ejemplo sería, en el caso de banca digital, **Revolut**, que opera sin sucursales físicas y, en el caso de pagos electrónicos, servicios como **PayPal**.

La **tecnología de** *blockchain* es una tecnología que permite el almacenamiento y verificación de datos de manera segura, transparente y descentralizada, y está transformando sectores como las finanzas, la logística, los gobiernos y más. Ejemplos serían el uso de criptomonedas, como el bitcóin, o casos como las votaciones electrónicas, usadas por algunos gobiernos, por ser más seguras.

EJERCICIO 2

Ante los siguientes supuestos prácticos, determine de qué tipo de emprendimiento se trata:

a) Un grupo de investigadores crea una empresa que desarrolla una nueva tecnología médica para diagnosticar enfermedades a partir de una sola gota de sangre, con lo que se aceleran y abaratan los análisis clínicos.

b) Martín abre una panadería artesanal en su barrio. Su objetivo es ofrecer productos de alta calidad a sus vecinos y mantener un negocio sostenible y local.

c) Carlos es diseñador gráfico independiente. Trabaja desde su casa, ofreciendo sus servicios a diferentes empresas y clientes por proyecto, sin estar vinculado a ninguna organización de manera permanente.

d) Javier funda una empresa que produce envases biodegradables hechos de residuos agrícolas. Su objetivo es reemplazar los plásticos tradicionales por alternativas sostenibles.

e) Clara desarrolla una aplicación móvil, con la que se conecta a conductores con pasajeros para compartir viajes, lo que optimiza rutas y reduce la huella de carbono en los desplazamientos.

3.3 Concepto de innovación y su relación con la sostenibilidad y el bienestar

La innovación es el proceso de introducir cambios significativos en productos, servicios, procesos o modelos de negocio. Su objetivo reside en mejorar la eficiencia, eficacia o valor. Este proceso, por lo tanto, no solo se refiere a la invención de algo nuevo, sino a la mejora de lo existente. Por ello, este proceso puede ser incremental; es decir, que supone la mejora de los productos o servicios existentes y, de otro lado, pue-

de resultar radical, ya que conlleva el cambio y transformación de industrias enteras.

Algunos ejemplos de innovación en la práctica serían el caso de Apple, con su producto iPhone, que revolucionó la industria de los teléfonos móviles y la forma de interactuar de las personas con la tecnología. Y otro caso es Amazon, ya que innovó sobre el modelo de negocio y *marketing* que transformó la industria minorista y el sector tecnológico con AWS.

AWS (Amazon Web Services) es una plataforma de servicios en la nube creada por **Amazon** que proporciona una amplia gama de servicios tecnológicos a nivel global, ayudando a empresas de todos los tamaños a ser más eficientes, innovadoras y competitivas.

La innovación, sostenibilidad y bienestar están intrínsicamente relacionados.

Esta **innovación y sostenibilidad,** en el caso del desarrollo de tecnologías limpias, reduce el impacto ambiental; por ejemplo, la creación de paneles solares más eficientes y económicos; la economía circular, con empresas que transforman residuos plásticos en nuevos productos; o la agricultura sostenible, con sistemas de riego por goteo.

La **innovación y el bienestar** se alcanzan en la salud y medicina mediante el desarrollo de terapias genéticas y medicina personalizada; en las tecnologías de la información y comunicación, a raíz del uso de plataformas *e-learnnig*, que permiten el acceso a la educación desde cualquier lugar del mundo; en los hogares inteligentes, se mejora también la seguridad y eficiencia energética, a partir de dispositivos portátiles, con los cuales se monitorea la salud en tiempo real, o el teletrabajo, que mejora la productividad y la flexibilidad laboral.

Sostenibilidad: utilización de recursos de manera responsable, para no comprometer a futuras generaciones. **Bienestar social:** impacto positivo en la calidad de vida de las personas y comunidades.

Ante el siguiente proyecto innovador de **energía limpia para comunidades rurales**, donde se proponen soluciones innovadoras como paneles solares portátiles, conteste a las siguientes cuestiones (puede hacerlo de forma individual, en pareja o en pequeños grupos, de tres o cuatro alumnos; posteriormente, se puede comentar con el grupo-clase cuáles han sido las conclusiones):

¿Cuál es la idea innovadora?

¿Cómo se fomenta la sostenibilidad?

¿Qué beneficios sociales o de bienestar aporta a la comunidad?

¿Quiénes son los beneficiarios principales?

¿Qué recursos se necesitarían para llevarla a cabo?

3.4 Análisis de metodologías para el emprendimiento y la importancia de la innovación como fuente de creación de empleo y bienestar social

El análisis de metodologías para el emprendimiento implica utilizar y examinar métodos o estrategias, que guían en el proceso de creación y desarrollo de una empresa o proyecto. Estas metodologías ayudan a los emprendedores a transformar una idea en un negocio viable, gestionando el riesgo, maximizando recursos y asegurando el crecimiento sostenible.

Figura 3.2 Clasificación de las metodologías para el emprendimiento.

METODOLOGÍAS	DESCRIPCIÓN
Lean startup	Se desarrollan productos o servicios de forma rápida y eficiente, con el fin de adaptarse a las necesidades del mercado
	Ejemplo: **Dropbox,** la empresa de almacenamiento en la nube. Creó un vídeo, donde se simulaba el proceso de almacenar y acceder a archivos en la nube, sin que el producto estuviera realmente construido. Se utilizó un enfoque *lean* para validar la idea con el mínimo esfuerzo y recursos posibles

Figura 3.2 (Continuación).

METODOLOGÍAS	DESCRIPCIÓN
Design thinking	Se diseñan soluciones innovadoras, con las que realmente se resuelvan problemas relevantes para los usuarios
	Ejemplo: utilizado por **Airbnb** para mejorar su plataforma y experiencia de usuario. Se dieron cuenta de que las fotos de los apartamentos y habitaciones en la plataforma eran de baja calidad y no se mostraban bien los espacios. Decidieron ponerse en el lugar de los usuarios (propietarios y viajeros) para entender sus necesidades, por lo que enviaron fotógrafos profesionales
Business Model Canvas	Es una herramienta visual, que permite diseñar y analizar modelos de negocio de manera estructurada. Consiste en un lienzo dividido en nueve bloques, donde se describen los aspectos clave de un negocio: propuesta de valor, segmentos de clientes, canales de distribución, relación con clientes, fuentes de ingresos, recursos clave, actividades clave, socios clave y estructura de costes
	Ejemplo: se utiliza para planificar un modelo de negocio
Metodología Scrum	Metodología ágil, usada principalmente en el desarrollo de *software,* pero que también puede aplicarse a otros tipos de proyectos emprendedores
	Ejemplo: **Spotify,** para mejorar y desarrollar continuamente su plataforma de música en *streaming,* con alta **velocidad de desarrollo,** permite que nuevos lanzamientos y actualizaciones sean implementados de forma constante
Six Sigma	Orientada a la mejora de procesos y la reducción de errores, se basa en el análisis estadístico y en la toma de decisiones fundamentada en datos
	Ejemplo: **General Electric, que logró reducir drásticamente los defectos** en la producción de motores de avión, lo que resultó una mejora significativa en la calidad del producto

Figura 3.2 (Continuación).

METODOLOGÍAS	DESCRIPCIÓN
Stage-Gate	Se divide el desarrollo de un producto en varias **fases (stages),** cada una seguida de un **punto de decisión (gate).** En cada *gate,* los directivos revisan el progreso, analizan si el proyecto cumple con los criterios necesarios y deciden si debe continuar, ajustarse o cancelarse
	Ejemplo: Procter & Gamble, también conocida como P&G, es una empresa multinacional estadounidense de bienes de consumo
Effectuation	Se priorizan los recursos que ya tienen y se busca maximizar el control del entorno, en lugar de predecir el futuro. Se basa en cinco principios: medios disponibles, pérdidas aceptables, cocreación, apalancamiento y flexibilidad
	Ejemplo: Sara Blakely no tenía experiencia en la industria textil ni en la creación de empresas, pero utilizó los principios de **Effectuation** para convertir su idea en un negocio multimillonario. Partió con un presupuesto limitado y sin un plan de negocios tradicional, pero confió en sus recursos, conexiones y capacidad para adaptarse y aprovechar las oportunidades emergentes. Es la fundadora de **Spanx,** una marca líder en ropa de modelado femenino

En conclusión, las anteriores metodologías lo que hacen es proporcionar enfoques claros y estructurados para llevar adelante un proyecto emprendedor de manera efectiva, adaptándose a diferentes tipos de emprendimientos y escenarios de mercado.

EJERCICIO 4

Una emprendedora decide lanzar una línea de *snacks* saludables dirigidos a personas con estilos de vida activos. Quiere asegurar que el producto no solo sea nutritivo, sino también delicioso y accesible. Determine qué metodología utilizaría y fundamente el motivo de dicha elección.

3.4.1 La importancia de la innovación como fuente de creación de empleo y bienestar social

La innovación deviene crucial en la creación de empleo y en el bienestar social, como se ha comentado anterior-mente, puesto que actúa como motor de crecimiento económico y mejora de la calidad de vida.

La innovación impulsa la creación de nuevas industrias y sectores y, por lo tanto, la demanda de nuevos empleos en áreas emergentes; por ejemplo, en el caso de la industria de energías renovables.

Además, se han transformado los sectores tradicionales adaptándolos a nuevas demandas y tecnologías, como en la agricultura de precisión, que ha transformado la manera en que se cultivan los alimentos, utilizando datos y tecnología para mejorar la productividad y la sostenibilidad, mediante sensores y drones utilizando el *big data* y el análisis predictivo, con lo que los agricultores pueden predecir problemas potenciales y optimizar las prácticas agrícolas.

La innovación mejora la calidad de vida en áreas como la salud, la educación y los servicios sociales, como los avances en la tecnología médica, que han hecho que los tratamientos sean más efectivos y accesibles; también en el caso de las tecnologías de la información, al facilitar que el conocimiento y la comunicación lleguen a más personas.

La innovación conlleva un impacto en la sostenibilidad, ya que las empresas innovadoras están liderando el camino hacia la economía circular, la energía limpia y la reducción del desperdicio. Así, las empresas que innovan con un enfoque de responsabilidad social pueden contribuir a la reducción de desigualdades y a la mejora del bienestar general.

EJEMPLO 2

La empresa de helados Ben & Jerry's no solo contribuye a la reducción de desigualdades sociales y económicas, sino que también promueve una mayor justicia y equidad en la cadena de suministro global y en las comunidades locales, puesto que incluye acciones de responsabilidad social. ¿Cómo lo implementa?

Solución:

Promueve la inclusión y la diversidad mediante la contratación de empleados diversos, provenientes de distintas culturas, etnias, nacionalidades, edades, diferentes niveles económicos o género, con el fin de que se sientan valorados.

Realiza donaciones y participa en iniciativas locales, con las que se busca mejorar las condiciones de vida de las comunidades desfavorecidas.

Ha tomado, asimismo, una postura pública en contra del racismo sistémico y ha apoyado movimientos y campañas para combatir la injusticia social.

La marca se compromete a utilizar ingredientes de comercio justo.

Apoya igualmente programas educativos, con los que se busca empoderar a jóvenes y comunidades marginadas, brindando acceso a recursos y oportunidades que podrían estar fuera de su alcance.

Entre en la página web de Mercadona: https://info.mercadona.es/es/cuidemos-el-planeta/compromiso-sostenible

Determine las acciones de responsabilidad social en relación con la sostenibilidad y el medio ambiente, y en cuanto a políticas de compras responsables.

3.4.2 Desarrollo de habilidades emprendedoras en todas las dimensiones

Se trata de fortalecer una serie de competencias esenciales, que permiten emprender y gestionar proyectos. El desarrollo de estas habilidades hará que los emprendedores se enfrenten con éxito a los desafíos y a las oportunidades en sus proyectos.

Figura 3.3 Clasificación de las principales dimensiones con sus habilidades.

DIMENSIONES	HABILIDADES
Dimensión personal	Autoconfianza: creer en uno mismo y en la capacidad de llevar a cabo un proyecto
	Resiliencia: capacidad para afrontar el fracaso, adaptarse a situaciones adversas y aprender de los errores
	Creatividad: desarrollar ideas innovadoras para solucionar problemas o mejorar productos/servicios
	Visión: tener una idea clara del futuro del proyecto o empresa y las metas a alcanzar
Dimensión social	Habilidades de comunicación: saber expresar ideas de manera clara y persuasiva, tanto en el ámbito personal como profesional
	Trabajo en equipo: colaborar efectivamente con otros, delegar tareas y aprovechar las fortalezas del equipo
	Networking: establecer y mantener relaciones con otros profesionales, clientes, inversores y potenciales socios
	Liderazgo: guiar y motivar a un equipo hacia el logro de los objetivos de la empresa

Figura 3.3 (Continuación).

DIMENSIONES	HABILIDADES
Dimensión estratégica	Planificación y organización: establecer metas claras, definir estrategias y estructurar el trabajo para alcanzarlas
	Toma de decisiones: evaluar opciones de manera crítica y tomar decisiones oportunas en beneficio del proyecto
	Gestión del tiempo: priorizar tareas y gestionar el tiempo de manera eficiente, para maximizar la productividad
	Innovación: estar abierto al cambio y a buscar constantemente nuevas formas de hacer las cosas mejor
Dimensión financiera	Gestión financiera: habilidades para administrar presupuestos, controlar los costes y manejar los ingresos
	Inversión y financiación: conocer las opciones de financiación disponibles y cómo acceder a ellas (inversores, préstamos, capital riesgo, etc.)
	Control de riesgos: identificar, evaluar y mitigar los riesgos financieros y operativos del proyecto
Dimensión tecnológica	Competencia digital: utilizar herramientas tecnológicas para la gestión del negocio (*software* de gestión, análisis de datos, *marketing* digital, etc.)
	Innovación tecnológica: aprovechar nuevas tecnologías para mejorar productos, procesos o experiencia del cliente
	E-commerce: conocimiento en plataformas digitales para vender productos o servicios en línea
Dimensión sostenible y ética	Sostenibilidad: adoptar prácticas que minimicen el impacto ambiental y promuevan la responsabilidad social
	Responsabilidad social: asegurarse de que el negocio contribuya, de manera positiva, a la sociedad, apoyando iniciativas locales y respetando los derechos de los trabajadores.
	Ética en los negocios: tomar decisiones que reflejen valores éticos y transparentes en la gestión del negocio
Dimensión adaptativa	Capacidad de aprendizaje continuo: actualizarse constantemente en conocimientos, habilidades y tendencias de mercado
	Flexibilidad: ser capaz de cambiar estrategias o enfoques, cuando las circunstancias lo requieran
	Gestión del cambio: implementar cambios en el negocio de manera efectiva y sin afectar negativamente al equipo o a los clientes

---

EJEMPLO 3

Una emprendedora quiere lanzar una *startup* de energía renovable. Determine qué pasos debe seguir.

Solución:

1. Dimensión personal: debe desarrollar una visión clara sobre cómo su empresa ofrecerá energía limpia y asequible.

2. Dimensión social: tendrá que establecer una red de contactos.

3. Dimensión financiera: planificará una estrategia, presentando propuestas a posibles inversores y asegurando fondos.

4. Dimensión tecnológica: utilizará la innovación tecnológica para la producción de energía limpia.

5. Dimensión sostenible: minimizará el impacto ambiental.

6. Dimensión adaptativa: se ajustará a las demandas del mercado y a los cambios.

Es importante fomentar el trabajo en equipo dentro de una organización, ahondar en una **cultura de innovación,** para valorarlo y promoverlo, así como reconocer y recompensar los esfuerzos colaborativos, con el fin de motivar.

Un ejemplo de **trabajo colaborativo** sería la creación de un **nuevo producto** en una empresa; para llevarlo a cabo, se seguirían las siguientes fases:

Primero: se debe crear un equipo multidisciplinario entre miembros de distintos departamentos. Cada uno posee un rol específico, pero todos colaboran hacia un objetivo común.

Segundo: se distribuyen las tareas.

Tercero: se preparan reuniones periódicas, para compartir el progreso, los problemas y las nuevas ideas.

Cuarto: se implementan pruebas y mejoras continuas, mediante la colaboración, con objeto de detectar errores, recopilar comentarios de los usuarios y hacer mejoras. El trabajo colaborativo permite que las soluciones lleguen más rápido, ya que todos están alineados y en constante comunicación.

3.5 Aplicación del trabajo colaborativo por el desarrollo del proceso de innovación

El trabajo colaborativo influye, de forma esencial, en el desarrollo del proceso de innovación, ya que la colaboración hace que fluyan ideas entre diferentes personas y disciplinas. Ello hace que surjan más soluciones innovadoras y efectivas; así, métodos como el *brainstorming* en equipo, las sesiones de *design thinking* o los talleres de cocreación son herramientas muy útiles.

Cuando se trata del desarrollo de prototipos, la integración de conocimientos técnicos y creativos se lleva a cabo por medio de la colaboración de equipos de trabajo, formados por ingenieros, diseñadores y expertos en *marketing,* que trabajan juntos para que el prototipo sea técnicamente viable. Además, dichos equipos, ante un desafío, pueden llegar a una solución más innovadora, ya que intercambian información que facilita la resolución de problemas de manera más eficiente y con menos recursos. También existe una coordinación de recursos, tanto humanos como materiales y, ante una gestión de cambio, al introducir una innovación, todos los involucrados mencionados anteriormente colaboran para comunicar y adaptar la organización ante la nueva realidad.

Después de la implementación de una innovación, se requiere de una evaluación recopilando el *feedback* de diversas fuentes, tales como clientes, empleados, socios, etc., para identificar las áreas de mejora, ya que se trata de un ciclo de mejora continua.

EJERCICIO 6

Basándose en el ejemplo anterior, determine las fases de la creación de una nueva aplicación móvil por medio del trabajo colaborativo en una empresa del sector tecnológico.

3.6 Desarrollo de la competencia digital para la mejora de los procesos de innovación e investigación en la modernización del sector productivo

La digitalización optimiza la eficiencia y la productividad y abre nuevas oportunidades a la innovación disruptiva y la investigación avanzada.

La innovación disruptiva es un tipo de innovación por la que se introduce un producto, servicio o modelo de negocio, que transforma radicalmente un mercado, desplazando o reemplazando a las empresas, productos o tecnologías existentes. Un ejemplo es el caso de **Netflix,** que comenzó como un servicio de alquiler de DVD por correo, un modelo más conveniente que las tiendas físicas como Blockbuster. Posteriormente, su plataforma de *streaming* desplazó por completo el negocio tradicional de alquiler de películas y transformó la industria del entretenimiento.

Ello se debe a que la digitalización permite la automatización en los procesos de producción, liberando tiempo y recursos para que los equipos de trabajo se dediquen a actividades de mayor valor añadido, como la innovación e investigación, mediante la integración de tecnologías, como el Internet de las cosas (IoT) o la inteligencia artificial (IA) en las cadenas de producción.

GLOSARIO

El IoT se refiere a la interconexión de objetos cotidianos a través de Internet, permitiendo que en estos dispositivos se recopilen, compartan y procesen datos entre sí y con otros sistemas. Estos objetos o dispositivos, que pueden ir desde electrodomésticos hasta maquinaria industrial, están equipados con sensores, *software* y otras tecnologías, que les permiten comunicarse, sin intervención humana directa.

Por otro lado, el acceso a datos y el análisis avanzado son una competencia digital clave, ya que permiten, mediante el análisis de *big data,* que las empresas obtengan información sobre tendencias de mercado, comportamientos de los consumidores y eficiencia operativa. Además, por medio de modelos predictivos, se anticipan a los cambios en el mercado, necesidades del consumidor y posibles fallos en la producción. Un ejemplo de herramientas digitales serían plataformas de colaboración como Microsoft Teams, Slack o Trello, que facilitan el trabajo en equipo y la cocreación de ideas, independientemente de la ubicación geográfica. Estas herramientas permiten una comunicación fluida, el intercambio de documentos y la gestión de proyectos en tiempo real.

GLOSARIO

Microsoft Teams, **Slack** y **Trello** son herramientas digitales:

Microsoft Teams: se trata de una plataforma de comunicación y colaboración desarrollada por Microsoft Teams. Integra chat, videollamadas, reuniones y posibilidad de compartir archivos en tiempo real.

Slack: es una herramienta de mensajería enfocada a la colaboración en equipo.

Trello: constituye una herramienta de gestión de proyectos basada en tableros visuales, que permiten organizar tareas en columnas.

Las competencias digitales permiten a las empresas involucrarse en procesos de innovación abierta, donde se pueden aprovechar ideas externas a la organización. Plataformas de *crowdsourcing* y de innovación abierta, como InnoCentive o Kaggle, permiten a las empresas colaborar con una comunidad global de expertos y desarrollar soluciones innovadoras.

GLOSARIO

El *crowdsourcing* es un modelo de trabajo colaborativo en el que una organización, empresa o individuo obtiene ideas, servicios o contenido de un grupo grande de personas, generalmente a través de una plataforma en línea.

Innocentive o Kaggle son plataformas en línea, con las que se fomentan la colaboración y el desarrollo de soluciones innovadoras a problemas complejos mediante la participación de comunidades globales de expertos y profesionales.

EJEMPLO 4

Una *startup* desea crear una aplicación móvil que facilite el reciclaje en las áreas urbanas, ayudando a los ciudadanos a encontrar puntos de reciclaje cercanos, recibir recompensas por reciclar y educar sobre el manejo de residuos. Para maximizar su éxito, la empresa decide recurrir al *crowdsourcing*, con el fin de obtener ideas innovadoras y mejorar el desarrollo de la *app*. ¿Cómo lo llevaría a cabo?

Solución:

En primer lugar, identificará el problema, ya que quiere que su aplicación satisfaga las necesidades de los usuarios, pero carece de suficientes datos sobre los hábitos de reciclaje.

En segundo lugar, desarrollará una estrategia para utilizar el *crowdsourcing*, lanzando una convocatoria abierta a plataformas especializadas, como Innocentive o Kaggle, pidiendo ideas y soluciones sobre cómo mejorar la experiencia del usuario en la *app*, qué funciones adicionales incluir y cómo incentivar el reciclaje a través de recompensas. A cambio, ofrecerá premios a las mejores ideas, así como la posibilidad de colaborar en el desarrollo de la *app*.

En tercer lugar, seleccionará las mejores ideas y las implementará en la versión final de la *app*. Una de las propuestas ganadoras incluye un mapa interactivo de puntos de reciclaje, que se actualiza gracias a la colaboración de los usuarios que informan sobre nuevos sitios.

Finalmente, la *app* se lanzará al mercado con una gran aceptación, gracias a que responderá directamente a las necesidades identificadas por los propios usuarios.

Las competencias digitales en el uso de *software* de simulación y modelado 3D permiten a las empresas realizar pruebas virtuales de nuevos productos, antes de construir prototipos físicos. El uso de tecnologías como la realidad virtual (VR) y la realidad aumentada (AR) en laboratorios digitales permite realizar investigaciones y pruebas en entornos controlados y simulados.

Surgen nuevos modelos de negocio, basados en plataformas digitales, tales como mercados en línea, servicios de suscripción y economía colaborativa, con lo que, por medio de estas innovaciones, se llega a nuevos mercados y segmentos de clientes. Las empresas optimizan el uso de recursos a través de la gestión inteligente de la cadena de suministro, la reducción de desperdicios y el uso eficiente de la energía.

¡Por lo tanto, la constante evolución de la tecnología requiere que las empresas inviertan en la formación continua de sus empleados y en la creación de una cultura de innovación digital. Programas de capacitación en competencias digitales, como análisis de datos, programación, ciberseguridad y gestión de la innovación digital devienen esenciales para mantener a sus empleados actualizados y competitivos.

PARA SABER MÁS

La nueva Ley de Inteligencia Artificial (IA) de la Unión Europea, aprobada en 2023, es el primer marco legislativo en el mundo destinado a regular el uso y comercialización de los sistemas de IA. Su objetivo principal reside en garantizar que las aplicaciones de IA sean seguras, se respeten los derechos fundamentales de los ciudadanos y se fomente la innovación en Europa. En dicha ley, se clasifican los sistemas de IA según su nivel de riesgo: los de «alto riesgo» (como aquellos en los que se gestionan servicios esenciales) deberán cumplir con estrictos requisitos de seguridad, mientras que las prácticas de «riesgo inaceptable», como el reconocimiento facial masivo sin consentimiento, estarán prohibidas. Además, se imponen obligaciones de transparencia para aquellos sistemas en los que se manipulen contenido o emociones a través de la IA.

Visite la página web de la Comisión Europea:

https://digital-strategy.ec.europa.eu/es/policies/regulatory-framework-ai

3.7 Incorporación de los objetivos de las políticas e iniciativas relacionadas con la sostenibilidad y el medio ambiente a la estrategia empresarial

Incorporar los objetivos de las políticas e iniciativas relacionadas con la sostenibilidad y el medio ambiente a la estrategia empresarial resulta esencial para asegurar la competitividad, la responsabilidad social y el éxito a largo plazo de cualquier organización.

Algunos de los pasos a seguir son:

- Asegurar que la *estrategia empresarial cumple con todas las regulaciones ambientales vigentes,* tanto a nivel local como internacional. Esto incluye normativas sobre emisiones de carbono, gestión de residuos, uso del agua y protección de la biodiversidad.

- *Alinear su estrategia con los Objetivos de Desarrollo Sostenible* (ODS) de la Organización de las Naciones Unidas (ONU) y otros marcos internacionales, como el Acuerdo de París.

- *Incorporar la sostenibilidad en la misión y visión de la empresa,* es decir, definir cómo la empresa contribuirá a la sostenibilidad y cómo sus productos o servicios pueden tener un impacto positivo en el medio ambiente.

- *Evaluar y gestionar su cadena de suministro,* para asegurar que todos los proveedores y socios cumplan con los estándares ambientales. Incluye el diseño de productos con menor huella de carbono.

- *Optimizar las operaciones,* para minimizar el consumo de energía, reducir las emisiones de gases de efecto invernadero y gestionar eficientemente los recursos naturales.

- *Establecer key performance indicators (KPI), o* **indicadores clave de desempeño,** métricas utilizadas por empresas y organizaciones para medir el progreso y el éxito en relación con objetivos específicos, con los cuales calibrar el impacto ambiental de la empresa para evaluar el progreso e incorporar ajustes en la estrategia. Estos indicadores pueden incluir la reducción de emisiones de CO_2, el uso de agua, la gestión de residuos y la eficiencia energética.

- *Publicar informes de sostenibilidad,* con los cuales documentar su progreso en la consecución de los objetivos ambientales.

- *Fomentar una cultura de sostenibilidad* dentro de la organización por programas de formación, iniciativas de participación de los empleados en proyectos sostenibles y establecimiento de objetivos de sostenibilidad a nivel individual y departamental.

- *Trabajar con comunidades locales, ONG* y otras partes interesadas, para desarrollar iniciativas que apoyen la sostenibilidad.

- *Identificar y mitigar riesgos ambientales,* como el cambio climático, mediante planes de contingencia y estrategias de adaptación, que permitan responder a los desafíos ambientales emergentes.

- *Adoptar principios de economía circular,* que incluyen la reutilización, reciclaje y reducción de residuos.

- *Integrar tecnologías que reduzcan el impacto ambiental,* como energías renovables, tecnologías de captura de carbono y soluciones de eficiencia energética.

- Las *estrategias de marketing* deben reflejar los compromisos de sostenibilidad de la empresa, comunicando de manera transparente y ética las acciones ambientales. El ***greenwashing*** ha de evitarse a toda costa, dado que se trata de una práctica de *marketing* engañosa en la que una empresa exagera o falsifica su compromiso con la sostenibilidad o el medio ambiente para mejorar su imagen pública, sin hacer realmente cambios significativos en sus operaciones.

PARA SABER MÁS

La **Agenda 2030** es un plan de acción global adoptado por Naciones Unidas en 2015, con el objetivo de abordar los desafíos más apremiantes a nivel mundial, como la pobreza, la desigualdad, el cambio climático y la sostenibilidad. Está estructurada en torno a **17 ODS**, que cubren áreas como la erradicación de la pobreza, la educación de calidad, la igualdad de género, la protección del medio ambiente, el trabajo decente y la paz y justicia.

Estos 17 objetivos están diseñados para ser alcanzados de manera colaborativa entre gobiernos, empresas, sociedad civil y ciudadanos para el año 2030. Los ODS no solo se centran en los problemas ambientales, sino también en mejorar la calidad de vida de las personas en términos económicos, sociales y políticos, mediante la promoción de un desarrollo inclusivo y sostenible.

Reto profesional

Busque una empresa que haya incluido en su estrategia empresarial las políticas e iniciativas relacionadas con la sostenibilidad y el medio ambiente. Posteriormente, en el aula, presente dicha empresa y fundamente su elección al grupo-clase.

Mapa conceptual

Principales habilidades

El pensamiento creativo e innovador
La visión estratégica
La capacidad de resolución de problemas
y liderazgo
Gestión de recursos
Conocimiento técnico y científico
Capacidad de networking
Habilidad de comunicación
Resiliencia y orientación al impacto social

Metodolgías

Lean Startup
Design Thinking
Business Model Canvas
Metodología Scrum
Six Sigma
Stage-Gate
Effectuation

Trabajo colaborativo

Fomentar el trabajo en equipo,
para ello crear un equipo
multidisciplinar, distribuir tareas y
realizar pruebas y mejoras
contínuas.

UD.3 HABILIDADES EMPRENDEDORAS EN LOS PROCESOS DE INNOVACIÓN E INVESTIGACIÓN

Son fundamentales para impulsar la innovación e investigación sostenible. Desarrollan un papel esencial para asegurar el bienestar social y la protección del medio ambiente. El desarrollo de las habilidades y su fomento es crucial.

Emprendimiento y sus tipos

Proceso dinámico que implica creación, desarrollo y gestión. Tipos: tradicional, social, *startup*, corporativo, verde, de franquicias, freelance, escalable, de pequeña empresa, digital y con base científica.

Desarrollo de la competencia digital

La digitalización optimiza la eficiencia y la productividad y abre nuevas oportunidades. Surgen nuevos modelos de negocio basado en plataformas digitales.

Dimensiones de las habilidades

DIMENSIÓN PERSONAL: AUTOCONFIANZA, RESILENCIA, CREATIVIDAD Y VISIÓN.
DIMENSIÓN SOCIAL: COMUNICACIÓN, TRABAJO EN EQUIPO, NETWORKING, LIDERAZGO.
DIMENSIÓN ESTRATÉGICA: PLANIFICACIÓN Y ORGANIZACIÓN, GESTIÓN DEL TIEMPO, INNOVACIÓN.
DIMENSIÓN TECNOLÓGICA, SOSTENIBLE, ÉTICA Y ADAPTATIVA.

Figura 3.4 Mapa conceptual de la unidad 3, «Habilidades emprendedoras en los procesos de innovación e investigación sostenible».

■ Las habilidades emprendedoras son fundamentales para impulsar la innovación e investigación sostenible, ya que permiten a los individuos y organizaciones abordar desafíos complejos, aprovechar oportunidades de negocio responsables y crear valor económico, social y ambiental.

■ Son habilidades emprendedoras, en los procesos de innovación e investigación, el pensamiento creativo e innovador, la visión estratégica, la capacidad de resolución de problemas, el liderazgo, la gestión de recursos, el conocimiento técnico y científico, la capacidad de *networking*, la habilidad de comunicación, la resiliencia y perseverancia y la orientación al impacto social y ambiental.

■ El emprendimiento es un proceso dinámico que implica la creación, desarrollo y gestión de un nuevo negocio, con el fin de ofrecer productos o servicios innovadores.

■ Los tipos de emprendimiento son las diferentes formas en las que las personas o grupos pueden desarrollar un negocio o iniciativa, dependiendo de sus recursos, el mercado y la naturaleza del proyecto.

■ La innovación es el proceso de introducir cambios significativos en productos, servicios, procesos o modelos de negocio. Su objetivo es mejorar la eficiencia, eficacia o valor. Este proceso, por lo tanto, no solo se refiere a la invención de algo nuevo, sino a la mejora de lo existente. Puede ser incremental y radical, dependiendo de la mejora o de la transformación.

■ Las metodologías para el emprendimiento ayudan a los emprendedores a transformar una idea en un negocio viable, gestionando el riesgo, maximizando recursos y asegurando el crecimiento sostenible. Son metodologías para el emprendimiento el *lean startup*, el *design thinking*, el Business Model Canvas, la metodología Scrum, el Six Sigma, el Stage-Gate y Effectuation.

■ La innovación impulsa la creación de nuevas industrias y sectores y, por lo tanto, la demanda de nuevos empleos en áreas emergentes.

■ El desarrollo de las habilidades emprendedoras implica que los emprendedores se enfrenten con éxito a los desafíos y a las oportunidades en sus proyectos. Son dimensiones de las habilidades la dimensión personal, social, estratégica, financiera, tecnológica, sostenible y ética y adaptativa.

■ El trabajo colaborativo influye, de forma esencial, en el desarrollo del proceso de innovación, ya que la colaboración permite que fluyan ideas entre diferentes personas o disciplinas. Esto provoca que surjan más soluciones innovadoras y efectivas. Métodos como el *brainstorming* en equipo, las sesiones de *design thinking* o los talleres de cocreación son herramientas muy útiles.

■ La digitalización permite optimizar la eficiencia y la productividad y abre nuevas oportunidades a la innovación disruptiva y la investigación avanzada. Contribuye también a la automatización en los procesos de producción integrando tecnologías. Además, mediante modelos predictivos, se pueden anticipar a los cambios en el mercado, necesidades nuevas y fallos en la producción.

■ Las competencias digitales en el uso de *software* de simulación y modelado 3D permiten a las empresas realizar pruebas virtuales de nuevos productos antes de construir prototipos físicos. El uso de tecnologías como la VR y la AR en laboratorios digitales permite realizar investigaciones y pruebas en entornos controlados y simulados.

■ Incorporar los objetivos de las políticas e iniciativas relacionadas con la sostenibilidad y el medio ambiente a la estrategia empresarial deviene esencial para asegurar la competitividad, la responsabilidad social y el éxito a largo plazo de cualquier organización.

1. Son habilidades emprendedoras:

a) El pensamiento creativo e innovador.

b) La resiliencia y perseverancia y una visión estratégica.

c) La capacidad de resolución de problemas, el liderazgo y la gestión de recursos.

d) Todas son correctas.

2. El emprendimiento es:

a) Una herramienta complementaria.

b) Una técnica de planificación estratégica aplicada y empleada en el contexto personal.

c) Un proceso dinámico, que implica la creación, el desarrollo y la gestión de un nuevo negocio.

d) Todas son correctas.

3. Con el emprendimiento *startup* o tecnológico:

a) Se busca resolver problemas sociales o ambientales.

b) Se centra en el desarrollo de soluciones tecnológicas, innovadoras y disruptivas.

c) Se centra en la creación de productos o servicios con los que se promueve la sostenibilidad ambiental.

d) Ninguna es correcta.

4. Con el emprendimiento verde o sostenible:

a) Se fomenta la innovación desde dentro de la empresa.

b) Se trata de un negocio que puede mantenerse a largo plazo y que proporciona ingresos constantes.

c) Se centra en la creación de productos o servicios con los que se promueve la sostenibilidad ambiental.

d) Todas las anteriores.

5. El *fintech,* o tecnología financiera:

a) Permite el almacenamiento y la verificación de datos.

b) Es una técnica de planificación estratégica aplicada y empleada en el contexto personal.

c) Es una herramienta complementaria.

d) Se refiere al uso de tecnologías innovadoras para ofrecer servicios financieros de forma eficiente, rápida y accesible.

6. Con el *lean startup:*

a) Se diseñan soluciones innovadoras, con las cuales realmente resolver problemas relevantes para los usuarios.

b) Se desarrollan productos o servicios de forma rápida y eficiente, con el fin de adaptarse a las necesidades del mercado.

c) Se trata de una herramienta visual, que permite diseñar y analizar modelos de negocio de forma estructurada.

d) Ninguna es correcta.

7. La metodología Scrum:

a) Es una herramienta visual, que permite diseñar y analizar modelos de negocio de forma estructurada.

b) Fomenta el desarrollo de productos o servicios de forma rápida y eficiente, con el fin de adaptarse a las necesidades del mercado.

c) Se trata de una metodología ágil, usada principalmente en el desarrollo de *software.*

d) Todas son correctas.

8. El *crowdsourcing* es:

a) Un proceso de apoyo, que permite posicionarse de forma efectiva en el campo profesional y destacar entre la competencia.

b) Un proceso de gestión de marca, con el que se lleva a cabo un conjunto de acciones relacionadas con el posicionamiento, el propósito y los valores de una marca.

c) Un modelo de trabajo colaborativo, en el que una organización, empresa o individuo obtiene ideas, servicios o contenido de un grupo de personas.

d) Todas son correctas.

9. El *greenwashing:*

a) Debe evitarse a toda costa.

b) Es una práctica de *marketing* engañosa.

c) No refleja los compromisos de sostenibilidad.

d) Todas son correctas.

10. La innovación disruptiva:

a) Es un tipo de innovación con la que se introduce un producto, servicio o modelo de negocio que no transforma radicalmente un mercado, desplazando o reemplazando a las empresas, productos o tecnologías existentes.

b) Es un tipo de innovación que introduce un producto, servicio o modelo de negocio que transforma radicalmente un mercado, pero no desplazando o reemplazando a las empresas, productos o tecnologías existentes.

c) Es un tipo de innovación que introduce un producto, servicio o modelo de negocio que transforma radicalmente un mercado, desplazando o reemplazando a las empresas, productos o tecnologías existentes.

d) Todas las anteriores.

ACTIVIDADES

ACTIVIDAD 1

Ante los siguientes supuestos prácticos, determine de qué tipo de emprendimiento se trata:

a) Marcos funda una organización que ofrece cursos de capacitación en habilidades digitales a personas desempleadas con bajos recursos, con el fin de ayudarlas a integrarse en el mercado laboral.

b) Un grupo de empleados de una gran empresa tecnológica crea un nuevo sistema de IA que mejora la automatización de los procesos internos, lo que genera ahorros significativos en la empresa.

c) Laura decide abrir una franquicia perteneciente a una famosa cadena de cafeterías. Compra los derechos para operar bajo la marca y sigue el modelo de negocio establecido.

d) Sofía crea una tienda en línea para vender productos de belleza naturales y veganos. No tiene una tienda física, y todas sus ventas y *marketing* se realizan a través del sitio web y las redes sociales.

ACTIVIDAD 2

Ante el supuesto de un proyecto de agricultura urbana, conteste las preguntas clave de forma breve (puede desarrollar esta actividad en pequeños grupos de tres-cuatro y, luego, comentarlo y debatirlo con el grupo-clase):

a) ¿Cuál es el problema o necesidad que se pretende resolver?

b) ¿Qué solución se propone?

c) ¿Quiénes son los beneficiarios?

d) ¿Qué impacto tendrá la solución?

e) ¿Qué recursos son necesarios?

f) ¿Cómo se medirá el éxito del proyecto?

ACTIVIDAD 3

Una marca de calzado deportivo quiere lanzar una nueva línea de zapatillas sostenibles hechas con materiales reciclados, pero desea conocer mejor las preferencias del mercado, para garantizar el éxito del producto. En lugar de recurrir únicamente a un equipo interno de diseñadores, decide involucrar a su comunidad de seguidores en el proceso de creación a través del *crowdsourcing*. Determine los pasos que deberá seguir (puede desarrollar esta actividad en pequeños grupos de tres-cuatro y, luego, comentarlo y debatirlo con el grupo-clase).

Ideas emprendedoras y nuevas oportunidades

En esta unidad va a estudiar:

- Ideas emprendedoras y nuevas oportunidades. La detección de necesidades, la generación de ideas y el proceso creativo
- El diseño de un modelo de negocio y los tipos de modelo de negocio
- El análisis de modelo de balance social
- El análisis del macroentorno y microentorno del emprendedor. El análisis Pestel
- Las entrevistas de problema
- La viabilidad del modelo de negocio: ingresos y gastos
- El prototipado y su validación
- El *marketing* para el desarrollo de técnicas de comunicación y venta

Con su estudio, va a ser capaz de:

- Identificar problemas del público objetivo para proponer soluciones y oportunidades.
- Generar ideas emprendedoras mediante procesos creativos con valor económico, social o cultural.
- Diseñar un modelo de negocio ético y sostenible, considerando el balance social.
- Analizar la economía circular y del bien común como bases para un modelo equitativo y justo.
- Validar soluciones y estrategias de marketing mediante prototipos y técnicas de comunicación.

4.1 IDEAS EMPRENDEDORAS Y NUEVAS OPORTUNIDADES

Tras identificar problemas o necesidades que no están satisfechos en el mercado, el uso de las nuevas tecnologías y la capacidad de innovar en productos, servicios o procesos, surgen ideas emprendedoras y nuevas oportunidades, ya que estas se centran en buscar soluciones que aporten valor a los clientes y puedan transformar industrias o sectores.

Algunos ejemplos serían aquellas empresas que reducen la huella ambiental o promueven el reciclaje, las nuevas tecnologías que permiten automatizar procesos, el auge en el comercio electrónico, aquellos productos y servicios que mejoran la calidad de vida, la utilización de fuentes de energía limpias y renovables, la gran demanda de la educación en línea o la economía colaborativa, que continúa creciendo, ofreciendo nuevas formas de compartir recursos y reducir costes.

Por lo tanto, son factores clave para identificar las nuevas oportunidades; aprovechar las tecnologías emergentes que están cambiando industrias; detectar nuevas necesidades o expectativas de los clientes; permanecer al tanto de incentivos y regulaciones que favorecen determinados sectores, como energías renovables o sostenibilidad; y aprovechar la apertura de mercados internacionales y nuevas formas de comercialización.

4.1.1 Detección de necesidades de las personas destinatarias del proyecto emprendedor y propuesta de soluciones

Se trata de una etapa crucial para asegurar que el producto o servicio propuesto responde a problemas reales y no a suposiciones. Esto implica efectuar una investigación exhaustiva y una interacción constante con el público objetivo, para identificar carencias, deseos y puntos de mejora. A partir de ahí, se pueden diseñar soluciones que agreguen valor y sean aceptadas.

GLOSARIO

El **público objetivo** es el conjunto de personas al que una empresa o marca dirige sus productos, servicios o campañas de *marketing*. Se compone de individuos con características comunes, como intereses, necesidades, demografía (edad, género, ubicación, etc.), hábitos de compra y comportamientos que los convierten en más propensos a estar interesados en lo que la empresa ofrece.

A continuación, se presentan los pasos para la detección de necesidades y propuesta de soluciones:

1.º Identificar quiénes son las personas destinatarias del proyecto y sus características demográficas, socioeconómicas y de comportamiento. Se llevará a cabo mediante encuestas, entrevistas, análisis de datos de mercado u observación directa; por ejemplo, en un proyecto emprendedor enfocado en productos de tecnología para personas mayores, se podría analizar cómo las personas mayores interactúan con la tecnología y a qué problemas se enfrentan, y determinar la dificultad para usar *smartphones* o acceder a servicios en línea.

2.º Comprobar las necesidades explícitas, que son las que manifiestan abiertamente los clientes, y las latentes, que son las que los clientes no expresan pero que, mediante la observación directa o el análisis, se detectan, además de hallar los posibles problemas y barreras que experimentan los clientes, así como sus deseos o expectativas.

3.º Proponer soluciones, que pasarían por adaptar el producto o servicio a las necesidades detectadas y crear soluciones que satisfagan las necesidades o mejoren la vida, introduciendo la innovación o incluso las diferentes soluciones dirigidas a segmentos de mercado.

4.º Crear un modelo o versión inicial de la solución, probarlo y recopilar los comentarios para ajustar y mejorar la propuesta.

5.º Si la solución es innovadora o implica un cambio en el comportamiento del usuario, será importante educar al público sobre cómo utilizar el producto o servicio. Cabe identificar los canales más adecuados para llegar al público objetivo (redes sociales, correo electrónico, puntos de venta físicos, etc.). También se ha de asegurar que el valor del producto o servicio esté claramente comunicado, mediante un mensaje claro, resaltando cómo se resuelven las necesidades específicas de los destinatarios.

EJEMPLO 1

Imagine que cuenta con un proyecto emprendedor para ofrecer soluciones tecnológicas de seguridad doméstica para personas mayores. Después de identificar que muchas personas de edad avanzada tienen dificultades para usar sistemas de seguridad complejos, ¿qué solución adoptaría?

Solución:

Se podría adoptar un sistema de seguridad simplificado, con botones grandes, instrucciones de voz claras y soporte técnico disponible 24 horas los 7 días de la semana.

Posteriormente, se llevarían a cabo pruebas al sistema con un grupo de personas mayores, para obtener retroalimentación e incorporar ajustes, según los comentarios.

Se desarrolla un eslogan como «simplemente, siempre seguros», para que las personas mayores sientan que están seguras en sus casas y con una tecnología simple y sencilla de utilizar.

EJERCICIO 1

Un joven emprendedor pretende llevar a cabo un proyecto de *snacks* saludables para personas con intolerancias alimentarias. Tras realizar encuestas y entrevistas, descubre que muchos consumidores con intolerancias alimentarias experimentan dificultades a la hora de encontrar *snacks* saludables que sean libres de gluten o lactosa y, además, atractivos y variados. Determine qué soluciones podría adoptar.

Por lo tanto, la detección de necesidades es un proceso continuo y repetitivo, que requiere de una comprensión profunda de quiénes son los destinatarios, así como entender sus características, comportamientos, problemas y deseos. Una vez identificadas las necesidades, las soluciones deben diseñarse de manera que ofrezcan un valor claro, adaptable y fácil de usar, asegurando la satisfacción del cliente y el éxito del proyecto emprendedor.

Se puede utilizar como herramienta eficaz para detectar necesidades el **buyer persona**. Se trata de una representación ficticia y detallada del cliente ideal de una empresa. Se construye a partir de datos reales e información demográfica, psicográfica y de comportamiento, con el objetivo de comprender mejor a los consumidores y desarrollar estrategias de *marketing,* ventas y productos más efectivas. Incluye información como:

- Datos demográficos: edad, género, ubicación, nivel educativo, profesión, etc.
- Objetivos y motivaciones: qué quiere lograr el cliente y qué lo motiva a comprar.
- Desafíos y puntos de dolor: problemas a los que se enfrenta y cómo el producto/servicio puede resolverlos.
- Comportamiento de compra: cómo busca información el cliente y qué factores considera antes de comprar.

El **buyer persona** permite a las empresas crear contenido y productos personalizados, que respondan mejor a las necesidades específicas del público objetivo.

GLOSARIO

Los **puntos de dolor** (*pain points*, en inglés) son los problemas, frustraciones o necesidades no satisfechos que experimenta un cliente en su vida personal o profesional. Estos puntos de dolor conforman situaciones que generan incomodidad o dificultan el logro de los objetivos, de modo que una empresa puede aprovecharse para ofrecer soluciones mediante sus productos o servicios.

EJEMPLO 2

La empresa EcoRide Solutions ofrece servicios de transporte sostenible con vehículos eléctricos compartidos en áreas urbanas. Su principal objetivo es atraer a clientes preocupados por el medio ambiente y ofrecer una solución práctica para el transporte diario. El objetivo es desarrollar un perfil de *buyer persona* para entender mejor a su cliente ideal. Primero, se lleva a cabo una investigación de mercado por medio de análisis de datos demográficos y encuestas a clientes, con los siguientes datos clave: el 60 % de los usuarios potenciales son adultos jóvenes (dieciocho-treinta y cinco años). Viven en grandes ciudades y prefieren opciones de transporte económico y ecológico. Valoran la flexibilidad y la conveniencia en el transporte.

Solución: Creación de un *buyer persona*:

Nombre ficticio: Laura Martínez

Edad: treinta años

Ocupación: ingeniera ambiental en una empresa de energía renovable

Estado civil: casada, sin hijos

Lugar de residencia: apartamento céntrico, en una gran ciudad

Comportamiento:

- Laura usa transporte público y bicicletas compartidas regularmente.
- Prefiere no poseer un automóvil, para evitar costes adicionales y por razones ecológicas.
- Está muy activa en redes sociales y participa en comunidades sobre sostenibilidad.

Puntos de dolor:

- Transporte público saturado y tiempos de espera prolongados.
- Dificultad para encontrar servicios de transporte que sean cómodos y respeten el medio ambiente.
- Altos costes de otros servicios de movilidad eléctrica.

Motivaciones:

- Contribuir a la reducción de emisiones de carbono.
- Optimizar su tiempo con opciones de transporte flexibles.
- Acceder a servicios accesibles y de calidad.

Canales preferidos:

- Redes sociales, como LinkedIn e Instagram.
- Blogs y páginas sobre sostenibilidad.
- Aplicaciones móviles de transporte y movilidad.

Mensaje clave para Laura:

«Muévete sin contaminar con EcoRide Solutions. Ahorra tiempo y cuida el planeta con nuestros vehículos eléctricos compartidos».

EJERCICIO 2

Siguiendo el ejemplo anterior, cree el *buyer persona* de la empresa RetroChic Boutique, dedicada a la venta de ropa vintage a través de una tienda *online* y su presencia en redes sociales. Su objetivo principal es atraer a jóvenes interesados en moda sostenible y en piezas únicas con estilo retro. Tras realizar la investigación de mercado, mediante encuestas y análisis de clientes existentes, se obtienen los siguientes datos clave: el 70 % de los clientes son mujeres de entre veinte y treinta y cinco años, interesadas en la sostenibilidad, exclusividad y moda retro, además de mostrar una alta actividad en Instagram y TikTok. Para crear el *buyer persona*, determine sus datos personales, comportamiento, puntos de dolor, motivaciones, canales preferidos y mensaje clave.

4.1.2 Generación de ideas emprendedoras para la consecución de una idea con valor económico, social y/o cultural

La generación de ideas emprendedoras para proyectos con impacto económico, social o cultural requiere de un enfoque sistemático, donde se combinen creatividad y análisis. Identificar un problema relevante, proponer soluciones innovadoras y evaluarlas cuidadosamente devienen pasos esenciales para crear un proyecto que genere valor, tanto para los emprendedores como para la comunidad o el mercado en el que operan. Se trata de identificar oportunidades no solo rentables, sino que también generen impacto positivo en la sociedad o en un contexto cultural específico.

Figura 4.1 Proceso de generación de ideas emprendedoras.

PASOS	DESCRIPCIÓN
1.º Identificación de un problema o necesidad	Detectar un problema real en la sociedad, el mercado o la cultura que necesite una solución
2.º Análisis del entorno y tendencias	Estar al tanto de las tendencias tecnológicas, sociales y culturales resulta clave para detectar oportunidades emergentes. El análisis del entorno ayuda a identificar áreas en las que un emprendimiento puede ser innovador
3.º Lluvia de ideas (*brainstorming*)	En esta etapa, se pueden generar tantas ideas como sea posible, sin filtros ni limitaciones. Aquí, la creatividad es crucial. Puede utilizar técnicas como mapas mentales, *brainstorming* grupal o incluso técnicas como *design thinking*

Figura 4.1 (Continuación).

PASOS	DESCRIPCIÓN
4.º Evaluación de la viabilidad	Es necesario hacer una selección de las ideas con mayor potencial de éxito y evaluarlas en términos de coste, impacto y posibilidad de implementación
5.º Propuesta de valor	Con la propuesta de valor, se define qué hará que su emprendimiento sea único y valioso, tanto para los clientes como para la sociedad o la cultura
6.º Prototipado o prueba de concepto	Crear un prototipo o versión preliminar de la idea permite probarla en el mercado o con un grupo reducido de personas. Esto ayuda a validar la idea, antes de proceder a una inversión mayor
7.º Refinamiento de la idea y estrategia de implementación	Con base en los resultados de las pruebas, se ajusta la idea para mejorar su funcionalidad y adaptabilidad, antes de lanzarla de manera más amplia. Es fundamental definir una estrategia clara de implementación, que incluya financiación, *marketing* y operaciones
8.º Lanzamiento y crecimiento	Finalmente, se lanza la idea al mercado o comunidad, promoviendo el proyecto de manera efectiva y asegurando su escalabilidad

GLOSARIO

La **escalabilidad** se refiere a la capacidad de un sistema, negocio o tecnología para crecer y manejar un aumento en la demanda o el volumen de trabajo de manera eficiente, sin comprometer su desempeño o calidad. Es un concepto clave en el mundo empresarial y tecnológico, ya que determina hasta qué punto una solución puede expandirse, sin incurrir en costes o esfuerzos desproporcionados.

4.1.3 El proceso creativo: mapa de empatía y propuesta de valor

El proceso creativo es el conjunto de pasos y técnicas utilizados para generar ideas innovadoras y desarrollar soluciones originales a problemas. Dentro de este proceso, el mapa de empatía y la propuesta de valor suponen dos herramientas clave para comprender al cliente y ofrecer productos o servicios alineados con sus necesidades.

El **mapa de empatía** es la herramienta utilizada para obtener una comprensión profunda de los usuarios o clientes. Ayuda a ponerse en el lugar del cliente para identificar sus deseos, necesidades, comportamientos y motivaciones. El mapa se suele dividir en seis secciones:

1. ¿Qué piensa y siente?

2. ¿Qué ve?

3. ¿Qué escucha?

4. ¿Qué dice y hace?

5. ¿Cuáles son sus frustraciones (puntos de dolor)?

6. ¿Cuáles son sus motivaciones?

El objetivo es recopilar información detallada, para entender al cliente a un nivel más emocional, lo que facilita la creación de soluciones más ajustadas a sus expectativas.

La **propuesta de valor** es la promesa clara de los beneficios que un producto o servicio ofrece a sus clientes, lo que implica resolver sus problemas o mejorar la situación. Se trata de explicar, de manera concisa, por qué un cliente debería elegir un producto determinado sobre los de la competencia. En una propuesta de valor efectiva, se resaltan los beneficios clave, se explica claramente qué problema soluciona o qué necesidad satisface y se diferencia de la oferta del resto del mercado.

EJEMPLO 3

En una cafetería local, mediante un mapa de empatía, se descubre que trabajadores y estudiantes buscan un espacio para relajarse o trabajar. Desarrolle el mapa de empatía.

Solución:

Mapa de empatía:

- ¿Qué piensa y siente? Necesita un lugar cómodo, donde pueda relajarse o concentrarse en su trabajo, sin interrupciones.

- ¿Qué ve? Cafeterías abarrotadas o espacios incómodos, donde es difícil concentrarse.

- ¿Qué escucha? Comentarios sobre la falta de sitios tranquilos y acogedores para trabajar o estudiar.

- ¿Qué dice y hace? Busca recomendaciones de lugares agradables, donde pueda trabajar con tranquilidad.

- ¿Cuáles son sus frustraciones? La falta de *wifi* estable, espacios ruidosos o carencia de enchufes para dispositivos electrónicos.

- ¿Cuáles son sus motivaciones? Quiere un espacio donde trabajar o estudiar con comodidad y acceso a buena comida y café.

Se puede visualizar en la plantilla siguiente:

Basándose en el ejemplo anterior, desarrolle la propuesta de valor; es decir, destaque los beneficios clave y explique claramente qué problema soluciona o qué necesidad satisface.

4.2 DISEÑO DE UN MODELO DE NEGOCIO Y/O GESTIÓN DE LA IDEA EMPRENDEDORA

Un modelo de negocio consiste en la descripción de cómo una empresa crea, entrega y captura valor; es decir, cómo genera ingresos. Se trata de un plan donde se detallan las fuentes de ingresos, los segmentos de clientes, los canales de distribución, los recursos clave, las actividades necesarias, los socios estratégicos y la estructura de costes de la empresa. Responde a preguntas clave como: «¿Qué ofrece la empresa a sus clientes (propuesta de valor)?», «¿quiénes son sus clientes objetivo?» o «¿cómo genera ingresos y controla los costes?».

Una herramienta popular para diseñar y visualizar un modelo de negocio es el **Business Model Canvas,** con el que se organizan todos estos elementos en un esquema visual para entender mejor cómo funciona una empresa o proyecto emprendedor. Se trata de una herramienta visual compuesta de nueve bloques.

Estos bloques permiten alcanzar una visión global de cómo funciona una empresa y ayudan a identificar áreas que necesitan optimización o ajuste.

Mediante el Business Model Canvas, desarrolle la idea de un café especializado en productos veganos y sostenible.

4.2.1 Tipos de modelos de negocio

Dependiendo de cómo las empresas crean y capturan valor, encontramos varios tipos de modelos de negocio, siendo los más comunes:

1. Modelo de suscripción: los clientes pagan una tarifa recurrente (mensual o anual) para acceder a un producto o servicio; por ejemplo, Netflix o Spotify.

2. Freemium: se ofrece una versión básica gratuita del producto o servicio, mientras que las funciones avanzadas requieren pago; por ejemplo, Dropbox o LinkedIn.

3. Comercio electrónico *(e-commerce):* la empresa vende productos directamente a los consumidores

MODELO CANVAS

SOCIOS CLAVE	ACTIVIDADES CLAVE	PROPUESTA DE VALOR	RELACIÓN CLIENTES	SEGMENTO CLIENTES
¿Qué actividades puede dejar de realizar la compañía para enfocarse en sus acciones clave? Saber de antemano qué socios pueden construir una relación valiosa. Ellos pueden aportar recursos que harán más eficiente tu modelo de negocio.	¿Qué estrategias únicas tiene tu negocio para entregar su propuesta al cliente?	¿Qué tan convincente es tu propuesta de valor? ¿Por qué tus clientes consumen tu producto? ¿Por qué compran? La propuesta de valor es el núcleo de la razón de existir de una empresa y es tu manera de satisfacer las necesidades del cliente.	¿Cómo interactúas con el cliente a través de su proceso? Es esencial interactuar con tus clientes.	¿Quiénes son tus clientes? ¿Qué piensan ellos? ¿Qué ven? ¿Qué sienten? ¿Qué hacen? Identifica cómo son tus clientes más importantes y determina tus buyer personas.
	RECURSOS CLAVE ¿Qué activos estratégicos únicos tiene mi negocio para competir?		**CANALES** ¿Cómo promueven, venden y entregan tus productos o servicios? ¿Por qué? ¿Están funcionando?	

COSTES DE ESTRUCTURA	FUENTES DE INGRESO
¿Cuáles son los principales generadores de costes de la empresa? ¿Cómo se vinculan a los ingresos? Al obtener una idea de la estructura de costes sabrás cuál debe ser el volumen mínimo de tus ventas para obtener ganancias.	¿Cómo genera ingresos tu propuesta de valor? Estructurar los costes y los flujos de ingresos te proporcionará una visión clara de cómo tu organización obtiene ingresos. ¿Cuántos clientes necesita tu organización anualmente para generar ganancias? ¿Cuántos ingresos necesitas para alcanzar el punto de equilibrio?

Figura 4.2 Business Model Canvas.

a través de una plataforma en línea; por ejemplo, Amazon o eBay.

4. *Marketplace:* la empresa actúa como intermediario entre compradores y vendedores, ganando una comisión por cada transacción; por ejemplo, Airbnb o Uber.

5. Fabricación y venta directa: el negocio fabrica productos y los vende directamente al consumidor final; por ejemplo, Tesla.

6. Publicidad: los ingresos se generan ofreciendo espacio publicitario en una plataforma, ya sea un sitio web, aplicación o medio de comunicación; por ejemplo, Google o Facebook.

7. Franquicia: un negocio otorga licencias para que otros emprendedores utilicen su marca y modelo operativo, a cambio de comisiones; por ejemplo, McDonald's.

8. Modelo de afiliación: el negocio genera ingresos a través de la promoción de productos o servicios de otras empresas, a cambio de una comisión por cada venta o *lead;* por ejemplo, Amazon Afiliados.

CURIOSIDADES

En *marketing* y ventas, un *lead* es una persona u organización que ha mostrado interés en los productos o servicios de una empresa y tiene el potencial de convertirse en cliente. Este interés suele manifestarse cuando un individuo comparte información de contacto o interactúa de alguna manera con la empresa, como al descargar contenido, registrarse en un evento o completar un formulario en una página web.

Tipos de *leads*:

1. *Lead* frío: alguien que ha mostrado un interés inicial, pero aún no está listo para comprar.

2. *Lead* cualificado de *marketing* (MQL): un contacto más avanzado que ha mostrado interés y se ajusta al perfil del cliente ideal.

3. *Lead* cualificado de ventas (SQL): un lead listo para ser contactado directamente por el equipo de ventas, porque posee una intención clara de compra.

CURIOSIDADES (continuación)

Un ejemplo sería el caso del usuario que visita una página de venta de ropa y se suscribe al boletín de novedades dejando su correo electrónico. Este usuario se convierte en un *lead*, ya que ha mostrado interés y ha dejado su contacto y la empresa le puede hacer un seguimiento.

El concepto de *lead* es fundamental para estrategias de *marketing* digital, como el *inbound marketing*, donde el objetivo principal reside en captar *leads* y guiarlos a través del embudo de conversión (que engloba el proceso y los distintos pasos que un usuario da dentro de la web hasta cumplir un objetivo, ya sea completar una transacción o depositar sus datos en un formulario, hasta convertirse en cliente).

9. *Crowdsourcing:* se obtienen contenido, ideas o financiación a través de la contribución de un gran número de personas, a menudo mediante plataformas en línea; por ejemplo, Wikipedia.

10. Plataforma como servicio (PaaS): se ofrece una infraestructura o plataforma tecnológica en la nube, para que otros desarrollen aplicaciones o servicios; por ejemplo, AWS o Google Cloud.

CURIOSIDADES

Amazon Afiliados, oficialmente conocido como el **Amazon Associates Program**, es un programa de *marketing* de afiliación que permite a las personas y empresas ganar comisiones al promover productos de Amazon. Los afiliados incluyen enlaces a productos en sus sitios web, blogs, redes sociales o plataformas digitales, con lo que ganan un porcentaje de las ventas generadas.

4.3 ANÁLISIS DE MODELOS DE BALANCE SOCIAL INCORPORANDO VALORES ÉTICOS Y SOCIALES A LA IDEA EMPRENDEDORA

El emprendimiento ético y social se refiere a la creación de empresas o proyectos con los cuales no solo se busca generar beneficios económicos, sino también alcanzar un impacto positivo en la sociedad y el medio ambiente. Estos emprendimientos están guiados por valores éticos, como la responsabilidad social, la sostenibilidad y la justicia.

Su objetivo principal radica en resolver problemas sociales o ambientales, como la pobreza, la educación, el acceso a la salud o la protección del medio ambiente.

Se toman decisiones empresariales basadas en principios éticos, evitando prácticas que puedan perjudicar a las personas o el planeta. Se busca un equilibrio entre la rentabilidad económica y el impacto social, asegurando que sus actividades conlleven un bajo impacto ambiental y un alto beneficio social. A menudo, involucran a las comunidades locales en sus procesos y decisiones, promoviendo la inclusión social y el desarrollo comunitario.

Un ejemplo de emprendimiento ético y social sería el caso de la empresa Patagonia, una empresa de ropa *outdoor,* con un fuerte enfoque en la sostenibilidad ambiental y el uso responsable de los recursos.

GLOSARIO

Una **empresa de ropa** *outdoor* se especializa en diseñar, producir y comercializar prendas y accesorios destinados a actividades al aire libre. Estas empresas suelen enfocarse en productos funcionales, resistentes y adaptados a diferentes condiciones climáticas, como el senderismo, el *camping*, la escalada, el ciclismo, los deportes de invierno y otras actividades recreativas o deportivas al aire libre.

4.3.1 El balance social

El balance social es una herramienta que permite a las empresas y organizaciones evaluar y comunicar el impacto de sus actividades en términos sociales, económicos y ambientales. A diferencia de los balances financieros, centrados en aspectos económicos, el balance social abarca factores relacionados con la responsabilidad social empresarial (RSE), el bienestar de los empleados, el respeto al medio ambiente y el aporte de la empresa a la comunidad.

Se busca la transparencia y la responsabilidad en las operaciones empresariales, mostrando a los diferentes grupos de interés *(stakeholders)* cómo la empresa contribuye al desarrollo sostenible y al bienestar social.

GLOSARIO

Los *stakeholders* son todas aquellas personas, grupos o entidades que tienen un interés o que se ven afectados, directa o indirectamente, por las actividades, decisiones y resultados de una organización o proyecto. Pueden ser tanto internos (empleados, accionistas, gerentes, directivos, etc.) como externos (clientes, proveedores, inversores, organizaciones no gubernamentales, etc.), y su influencia varía dependiendo de su relación con la empresa.

Son elementos clave de un balance social:

- El impacto social, puesto que las actividades de una empresa influyen en la comunidad, ya sea por la creación de empleo, por contribuciones a programas sociales o por fomentar la igualdad de oportunidades.

- El impacto ambiental, motivado por el análisis del consumo de recursos, la huella de carbono, el reciclaje y todas las políticas sostenibles adoptadas por la empresa.

- Las condiciones laborales, examinando las políticas de recursos humanos, como la inclusión, la equidad de género, los salarios justos, la salud y la seguridad en el trabajo.

- La ética empresarial, mediante la revisión de las prácticas comerciales, asegurando que sean éticas y transparentes.

El balance social es una herramienta que permite a las organizaciones medir y comunicar su impacto social, ambiental y económico.

Figura 4.3 Ejemplos utilizados en los modelos de balance social.

MODELOS	DESCRIPCIÓN
Global Reporting Initiative (GRI)	Utilizado por grandes corporaciones y organizaciones para reportar sostenibilidad. Es popular por su estructura y adaptabilidad a diferentes industrias. GRI es una organización cuyo fin reside en impulsar la elaboración de memorias de sostenibilidad en todo tipo de organizaciones. GRI produce un completo marco para la elaboración de memorias de sostenibilidad, las cuales se encuentran a disposición del público de manera gratuita
Triple Bottom Line (TBL)	Ampliamente utilizado para medir el impacto en tres áreas clave: personas, planeta y beneficios. Ello se hace para reducir costes y fomentar la autoridad y los valores de la marca para reducir su impacto ambiental o social, con el fin de lograr un equilibrio sostenible a largo plazo y mejorar su reputación e impacto social

Figura 4.3 (Continuación).

MODELOS	DESCRIPCIÓN
Modelo de responsabilidad social empresarial (RSE)	Este enfoque incluye la medición del impacto social como parte de la estrategia de negocio, considerando la relación entre la empresa y sus grupos de interés
Modelo de impacto social de la red de innovación social	Este modelo se centra en el impacto a largo plazo de las iniciativas sociales, utilizando herramientas como el análisis de coste-beneficio
Norma SA8000	Se trata de un estándar de certificación social para fábricas y organizaciones en todo el mundo, muy utilizado para medir la responsabilidad social en términos laborales y asegurar que las condiciones de trabajo sean justas y éticas. Se establecen las condiciones mínimas para alcanzar un ambiente de trabajo seguro y saludable, una libertad de asociación y negociación colectiva y una estrategia empresarial para tratar los aspectos sociales relacionados con el trabajo
B Impact Assessment (BIA)	Este es el modelo que utilizan las empresas B, para medir su impacto social y ambiental, y es cada vez más reconocido, especialmente entre los emprendimientos y empresas con un enfoque de responsabilidad social

Las **empresas B** son organizaciones que, además de buscar rentabilidad económica, se comprometen a generar un impacto social y ambiental positivo.

Estas empresas están certificadas por **B Lab**, una entidad global sin fines de lucro, dedicada a evaluar el desempeño de las empresas en cinco áreas clave: gobernanza, trabajadores, clientes, comunidad y medio ambiente.

Un ejemplo sería la empresa **Patagonia**, enfocada en prácticas comerciales sostenibles y éticas.

GLOSARIO

Reportar sostenibilidad significa comunicar, de manera formal y estructurada, las prácticas, estrategias y resultados relacionados con la sostenibilidad de una organización. Este tipo de informe abarca aspectos ambientales, sociales y de gobernanza (ESG), mostrando cómo la empresa contribuye al desarrollo sostenible y responde a las expectativas de sus diferentes *stakeholders*.

4.3.2 La equidad

La equidad es fundamental para crear un ecosistema empresarial diverso e inclusivo, reconociendo el talento e innovación, garantizando que todas las personas, sin importar su género, raza, origen socioeconómico u otras características, cuenten con las mismas oportunidades para iniciar y desarrollar sus negocios. Por lo tanto, se trata de eliminar barreras sistémicas que, históricamente, han limitado el acceso de determinados grupos a esas oportunidades. Un ejemplo serían los programas de apoyo a mujeres emprendedoras, que ofrecen capacitación y redes de contacto específicas para ayudarlas a superar las barreras de género.

PARA SABER MÁS

Entre en la página del Ministerio de Igualdad, en la que el Instituto de las Mujeres establece un programa de apoyo empresarial (PAEM):

https://www.inmujeres.gob.es/areasTematicas/Emprendimiento/ProgApoyoEmpresarial.htm

También puede encontrar un programa gratis para mujeres, programa de ayuda a emprendedoras, en la siguiente página:

https://mentorday.es/programas/programa-aceleracion-mujeres-emprendedoras/?gad_source=1&gclid=CjwKCAiA9bq6BhAKEiwAH6bqoPNnconpeM5ONYG1Z69YBALZP_A3xF2CnMnlQsjgg4eVZf3WvizdKRoCrx0QAvD_BwE

4.3.3 La justicia social

Se centra en la creación de condiciones justas, para que todas las personas, independientemente de su origen, género, raza o situación económica, puedan desarrollarse plenamente y tener acceso a los mismos beneficios sociales y económicos.

Sus principios clave serían la equidad comentada anteriormente: la igualdad de oportunidades; es decir, el acceso igualitario a recursos como la educación, el empleo y los servicios de salud. Otro de sus principios es proteger y promover los derechos fundamentales de todas las personas y el respeto a la dignidad humana, fomentar la inclusión y la redistribución de recursos para corregir las desigualdades económicas y sociales mediante políticas que aseguren una distribución justa de la riqueza.

Un ejemplo sería una legislación laboral justa, que garantice los salarios justos, las condiciones de trabajo seguras y el acceso a los beneficios sociales.

Por lo tanto, la justicia social constituye un principio clave en la creación de sociedades más inclusivas y equitativas, donde todos puedan llevar una vida digna y acceder a oportunidades sin discriminación.

4.3.4 La sostenibilidad

Se refiere a la adopción de prácticas que protegen el medio ambiente, asegurando que los recursos naturales se usen de manera responsable, y que las operaciones conlleven un impacto mínimo en el planeta.

Este concepto se centra en gestionar los recursos naturales y humanos de manera responsable, asegurando que su uso no provoque un agotamiento ni destrucción irreparable.

Se basa en tres principios:

- Ambiental: uso eficiente de los recursos naturales, conservación de la biodiversidad y mitigación de los efectos negativos sobre el ecosistema, como el cambio climático.

- Económico: desarrollo de prácticas económicas que generen crecimiento, pero sin sacrificar los recursos que lo sustentan a largo plazo.

- Social: promoción del bienestar social, garantizando que todas las personas posean acceso a oportunidades y recursos de manera equitativa y que se respeten los derechos humanos.

La sostenibilidad se aplica en múltiples campos, como la industria, la construcción, la energía, la agricultura y el consumo, y deviene fundamental para enfrentarse a desafíos globales como el cambio climático y la desigualdad social.

Ponga tres ejemplos de sostenibilidad y explique el motivo.

4.4 ANÁLISIS DEL MACROENTORNO Y MICROENTORNO DEL EMPRENDEDOR

Tanto el macroentorno como el microentorno constituyen dos aspectos clave a la hora de influir en las decisiones y en el éxito de un emprendedor o empresa.

4.4.1 Análisis del macroentorno

El macroentorno lo conforman todos aquellos factores externos y generales que afectan a todas las empresas y se hallan fuera del control del emprendedor, ya que no están directamente relacionados con la empresa, pero pueden influir de manera significativa en su éxito. Se trata de:

- Factores económicos, como los ciclos económicos, la inflación, los tipos de interés y las políticas fiscales.

- Factores sociales, como los cambios en la demografía, los gustos del consumidor, los niveles de educación y las tendencias culturales.

- Factores tecnológicos, como los avances y su impacto en los procesos productivos o en el mercado.

- Factores políticos y legales, como la legislación, las regulaciones gubernamentales, la estabilidad política y las políticas comerciales.

- Factores medioambientales, como las normas ecológicas y la preocupación por el cambio climático.

GLOSARIO

La **inflación** es el aumento sostenido y generalizado de los precios de bienes y servicios en una economía durante un periodo de tiempo.

EJEMPLO 4

Un emprendedor desea abrir un negocio de alimentos orgánicos. ¿Qué tiene que considerar del macroentorno?

Solución:

Deberá considerar las regulaciones alimentarias, el impacto del cambio climático en la disponibilidad de productos agrícolas y las tendencias del consumidor hacia hábitos más saludables.

Una herramienta utilizada para poder evaluar el entorno general de una empresa o proyecto es el ***análisis Pestel.*** Este análisis ayuda a identificar oportunidades y amenazas externas, que afectan al desarrollo del negocio, ya que se consideran factores políticos, económicos, sociales, tecnológicos, ambientales y legales, que pueden influir en el éxito.

Figura 4.4 Componentes del análisis Pestel.

COMPONENTES	DESCRIPCIÓN Y EJEMPLO
Políticos	Pueden incluir regulaciones comerciales, estabilidad política, políticas fiscales o tratados internacionales, que afectan a los gobiernos, y políticas públicas; por ejemplo, un cambio en las tarifas de importación puede afectar a empresas que dependen de productos extranjeros
Económicos	Están relacionados con la economía y el mercado. Algunos indicadores económicos básicos incluyen: • PIB (producto interno bruto): sirve para medir el valor total de bienes y servicios producidos por una economía. Un aumento en el PIB suele indicar un entorno favorable para los negocios • Inflación: señala el aumento de los precios en una economía. La inflación elevada reduce el poder adquisitivo de los consumidores y aumenta los costes operativos • Tasa de interés: afecta al coste de financiación y a los niveles de consumo e inversión. Tasas de interés altas pueden desincentivar las inversiones • Desempleo: con la tasa de desempleo, se mide la cantidad de personas que buscan trabajo activamente, pero no lo encuentran. Un desempleo bajo generalmente indica un mercado laboral fuerte • Tipo de cambio: influye en la competitividad de las exportaciones e importaciones, así como en los gastos que una empresa incurre para adquirir bienes o materias primas provenientes de otros países
Sociales	Factores como el envejecimiento de la población, los cambios en las preferencias de los consumidores, los estilos de vida y los valores sociales afectan a la demanda de productos y servicios; por ejemplo, un aumento en la conciencia de la salud puede impulsar la demanda de productos orgánicos

Figura 4.4 (Continuación).

COMPONENTES	DESCRIPCIÓN Y EJEMPLO
Tecnológicos	Factores como la automatización, la digitalización, la investigación y el desarrollo pueden transformar sectores completos; por ejemplo, el crecimiento del comercio electrónico ha cambiado radicalmente la manera en que las empresas venden productos
Ecológicos o ambientales	Incluyen el cambio climático, la regulación de emisiones y el uso responsable de los recursos naturales; por ejemplo, las normativas con las que se regulan las emisiones de carbono pueden obligar a las empresas a adoptar procesos más sostenibles
Legales	Esto incluye leyes laborales, de protección al consumidor y de propiedad intelectual y normativas de seguridad; por ejemplo, cambios en las leyes de protección de datos pueden obligar a las empresas a invertir en mejores sistemas de seguridad para conservar los datos de los clientes

Por lo tanto, este análisis permite a las empresas prever cambios en su entorno externo y ajustar sus estrategias para capitalizar oportunidades o mitigar riesgos, basándose en la evaluación de estas seis áreas clave y los indicadores económicos correspondientes.

Se puede utilizar la siguiente plantilla para visualizar el análisis:

Lleve a cabo el análisis Pestel de una empresa de comida rápida sostenible en expansión, que desea analizar su entorno macroeconómico para identificar oportunidades y amenazas de cara a dicha expansión de su servicio en 2024. Puede utilizar la plantilla facilitada en la unidad para una mayor visualización del análisis.

Solución: Análisis Pestel

1. Político

Las normativas favorecen iniciativas sostenibles, como envases biodegradables, y existen incentivos fiscales para empresas que reduzcan su huella ambiental. Sin embargo, también se enfrentan a regulaciones más estrictas sobre la calidad de ingredientes y gestión de residuos, lo que puede suponer costes adicionales.

2. Económico

El aumento del poder adquisitivo en mercados emergentes y la baja inflación en algunas regiones ofrecen estabilidad operativa. Por otro lado, los costes de insumos agrícolas y la volatilidad del tipo de cambio en algunos mercados representan riesgos para el negocio.

3. Social

Existe un cambio en las preferencias hacia opciones de comida rápida más saludable y sostenible, además de un creciente interés en empresas con impacto social positivo. No obstante, las diferencias culturales respecto a la comida rápida y los prejuicios asociados a su calidad pueden ser desafíos importantes.

EJEMPLO 5 (continuación)

4. Tecnológico

La incorporación de *apps* personalizadas para pedidos y el uso de cocinas automatizadas ofrecen una ventaja competitiva significativa. Sin embargo, implementar tecnologías avanzadas (como inteligencia artificial) implica costes iniciales elevados y enfrentarse a competidores tecnológicamente avanzados.

5. Ecológico

El acceso a ingredientes orgánicos y locales, junto con el uso de energías renovables, puede ser un motor de diferenciación y ahorro. No obstante, los efectos del cambio climático sobre los cultivos y los requisitos de certificación ecológica en algunos mercados pueden ser limitantes.

6. Legal

El cumplimiento de regulaciones laborales más estrictas en determinados países podría incrementar los costes de operación. Además, es crucial cumplir con las normas de etiquetado y certificación, ya que los incumplimientos podrían derivar en sanciones o daños reputacionales.

EJERCICIO 6

Siguiendo el ejemplo anterior, realice un análisis Pestel de una empresa de fabricación de vehículos eléctricos (VE) accesibles para mercados emergentes. Puede utilizar la plantilla facilitada en la unidad para una mayor visualización del análisis.

4.4.2 Análisis del microentorno

Al hablar de los factores más cercanos al emprendedor, que poseen un impacto directo y pueden ser controlados al menos parcialmente por la empresa o el emprendedor, nos referimos al microentorno. Algunos de esos factores son los siguientes:

1. Clientes: el perfil y necesidades de los clientes que compran los productos o servicios.

2. Proveedores: la relación con quienes proporcionan los materiales y servicios necesarios para la operación.

3. Competencia: otras empresas que ofrecen productos o servicios similares, que pueden influir en los precios, calidad y diferenciación del producto.

4. Intermediarios: empresas que ayudan en la distribución del producto o servicio.

5. *Stakeholders:* cualquier parte interesada, como inversores o empleados, que puede influir en las decisiones del emprendedor.

EJEMPLO 6

¿Qué debería considerar con respecto al microentorno un negocio de ropa?

Solución:

Deberá gestionar bien a sus proveedores, para obtener materiales de calidad y a buen precio, atender las demandas de los clientes y diferenciarse de la competencia en un mercado muy competitivo.

Visualización del ejemplo 5:

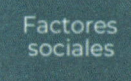

ANÁLISIS PESTEL

P
- Normativas sobre sostenibilidad
- Incentivos fiscales
- Regulaciones estrictas sobre residuos

Factores políticos

E
- Aumento poder adquisitivo
- Baja inflación
- Mayores costes de insumos agrícolas

Factores económicos

S
- Cambio preferencias en comida saludable y rápida
- Sensibilización

Factores sociales

T
- Apps personalizadas
- Cocinas automatizadas
- Costes iniciales altos

Factores tecnológicos

E
- Normativas ambientales
- Requisitos certificación ecológica limitantes y efectos cambio climático

Factores ecológicos

L
- Regulación laboral
- Leyes de etiquetado y certificación

Factores legales

Por lo tanto, el éxito del emprendedor depende de la comprensión y gestión efectiva tanto del macroentorno como del microentorno. Para comprender mejor el microentorno, se utiliza comúnmente la herramienta **DAFO,** que viene a identificar las **debilidades, amenazas, fortalezas y oportunidades** de una empresa.

Fortalezas: se corresponden con los aspectos internos y positivos de la empresa que le proporcionan una ventaja competitiva. Pueden incluir recursos exclusivos, ventajas tecnológicas, marca reconocida o sólida red de distribución; por ejemplo, una empresa con una fuerte lealtad de sus clientes y alta calidad de producto posee una ventaja sobre sus competidores.

Debilidades: constituyen los aspectos internos que limitan el desempeño de la empresa. Estas debilidades pueden ser la falta de recursos, habilidades insuficientes o procesos ineficientes; por ejemplo, una empresa con una infraestructura tecnológica obsoleta puede no ser capaz de competir eficazmente en el mercado.

Oportunidades: son factores externos del microentorno que la empresa puede aprovechar para crecer o mejorar. Las oportunidades pueden surgir de cambios en el mercado, nuevas tendencias o evolución de las necesidades del cliente; por ejemplo, la creciente demanda de productos sostenibles puede ser una oportunidad para una empresa que desarrolle productos ecológicos.

Amenazas: son factores externos que pueden perjudicar a la empresa, como la competencia agresiva, los cambios en la regulación o las fluctuaciones económicas; por ejemplo, una nueva empresa tecnológica que ofrezca productos a menor coste puede amenazar a los competidores establecidos.

EJERCICIO 7

La empresa textil sostenible EcoJeans se propone realizar un análisis DAFO; para llevarlo a cabo, tiene en cuenta los siguientes aspectos que se enumeran. Clasifique dichos aspectos atendiendo al análisis DAFO:

- **Dependencia de un proveedor específico,** que podría comprometer la calidad si hay problemas en la cadena de suministro.
- **Colaboraciones con diseñadores** de renombre o *influencers,* que ayuden a aumentar la visibilidad de la marca.
- **Marca bien posicionada** en el sector de la moda ecológica.
- **Cambios en las preferencias de los consumidores,** si la sostenibilidad deja de ser una prioridad.
- **Expansión en el comercio electrónico,** lo que permite llegar a más clientes, sin necesidad de tiendas físicas.
- **Competencia de grandes marcas,** que comienzan a incorporar líneas sostenibles a precios más bajos.

EJERCICIO 7 (continuación)

- **Procesos de producción responsables** con el medio ambiente, lo que atrae a clientes conscientes de la sostenibilidad.
- **Costes de producción elevados,** debido al uso de materiales ecológicos, lo que aumenta el precio final de los productos.
- **Dependencia de nichos de mercado,** que valoran la sostenibilidad, lo que puede limitar el tamaño de su base de clientes.
- **Fluctuación en los precios de los materiales ecológicos,** lo que puede aumentar los costes de producción.
- **Red de proveedores confiable,** que asegura la calidad de los materiales.
- **Falta de presencia internacional,** lo que limita el crecimiento en mercados más grandes.
- **Uso de materiales reciclados y orgánicos,** lo que la diferencia de sus competidores.
- **Creciente demanda de moda sostenible** en mercados globales.
- **Nuevas regulaciones ambientales,** que favorecen productos ecológicos, lo que puede atraer más consumidores.

Es importante, en este punto, hablar de las *necesidades de los clientes,* de la interacción de los usuarios con una marca, un producto o un servicio. Para ello, podemos usar herramientas como **Customer Experience (CX), Customer Journey** y **User Experience (UX).**

El **Customer Experience (CX)** es el conjunto total de percepciones y emociones que un cliente experimenta a lo largo de todas las interacciones con una empresa.

CX abarca todos los puntos de contacto (*online* y *offline*) que un cliente tiene con la marca, incluyendo el servicio al cliente, el *marketing,* la calidad del producto y las interacciones poscompra. Se centra en cómo se siente el cliente a lo largo del tiempo en su relación con la marca.

Por ejemplo, si un cliente compra un producto, su experiencia comienza con el descubrimiento de la marca, el proceso de compra, el servicio posventa e incluso la reputación de la empresa.

El **Customer Journey (viaje del cliente)** es el recorrido que una persona sigue desde que tiene conocimiento de una marca hasta que se convierte en cliente, pasando por diferentes etapas, como la consideración, la decisión de compra y la posventa.

Se enfoca en los puntos de contacto o interacciones específicas entre el cliente y la empresa a lo largo del proceso de compra.

Por ejemplo, el Customer Journey de una tienda de ropa *online* puede comenzar con un anuncio en redes sociales, seguido de la visita al sitio web, la revisión de los productos, la decisión de compra, el pago y, finalmente, la entrega del producto. El cliente puede seguir interactuando después con el servicio de atención al cliente o dejar una reseña.

El **User Experience (UX)** se refiere a cómo los usuarios interactúan con un producto o servicio específico, especialmente en el contexto digital.

El UX se centra en la usabilidad, funcionalidad y diseño de un sitio web, aplicación o producto, para garantizar que el usuario tenga una experiencia fácil, intuitiva y eficiente.

Por ejemplo, el UX de una aplicación bancaria se centra en que los usuarios puedan hacer transacciones de manera rápida, sencilla y sin problemas. Si la interfaz es confusa o poco intuitiva, afecta negativamente a la experiencia del usuario.

Cada uno deviene clave para el éxito de una empresa y para asegurar la satisfacción del cliente y su lealtad a largo plazo.

PARA SABER MÁS

Un mapa de viaje de cliente es un relato visual de todas las interacciones de un cliente con un servicio, una marca o un producto. Visite la página:

https://blog.hubspot.es/service/customer-journey-map

En esta página encontrará más información, además de plantillas gratuitas para crear un mapa de viaje de cliente o *customer journey map*, en canva.com.

4.5 LAS ENTREVISTAS DE PROBLEMA

Cuando se trata de identificar y entender problemas o necesidades de los clientes, las empresas utilizan esta técnica denominada **entrevistas de problemas,** que se utiliza en el desarrollo de productos y servicios.

Estas entrevistas permiten obtener información directa y ayudan a las empresas a diseñar soluciones más efectivas y relevantes.

Figura 4.5 Pasos en una entrevista de problema.

PASO	DESCRIPCIÓN
Identificación del perfil del usuario	Seleccionar a personas que representen el perfil de cliente ideal (similar al *buyer persona*)
Formulación de preguntas abiertas	Hacer preguntas abiertas, para fomentar que el entrevistado exprese sus problemas y frustraciones, evitando preguntas orientadas que sugieran una respuesta
Exploración del contexto	Preguntar sobre el contexto en el que se enfrentan al problema, la frecuencia de ocurrencia y el impacto en su vida o trabajo
Profundización en las soluciones actuales	Indagar sobre las soluciones o estrategias que el usuario emplea actualmente, si es que existen, y qué es lo que le satisface o no de estas opciones

Amplíe la figura aquí

María es gerente de proyectos en una pequeña empresa de *marketing* digital con 10 empleados. Utiliza diversas herramientas, como hojas de cálculo, correos electrónicos y aplicaciones móviles para coordinar las tareas del equipo, pero siente que su método actual es ineficiente.

Solución:

Se lleva a cabo una entrevista de problema.

Pregunta de apertura: «¿Puedes contarme cómo gestionas los proyectos en tu equipo actualmente?». María responde que usa una combinación de hojas de cálculo para hacer un seguimiento de las tareas, correos electrónicos para la comunicación y una aplicación móvil para recibir recordatorios. Siente que, a veces, es confuso y lleva mucho tiempo actualizar toda la información en diferentes plataformas.

Indagación sobre el problema: «¿Cuáles son las principales dificultades a las que te enfrentas al usar esas herramientas?». María menciona que es difícil mantener todo coordinado. A menudo, pierde tiempo buscando correos antiguos o actualizando las hojas de cálculo manualmente. Además, no tiene una vista clara del progreso del proyecto en tiempo real.

Profundización en las necesidades: «¿Cómo te afecta personalmente ese proceso? ¿Qué te frustra más?». Lo que más frustra a María es que el seguimiento de tareas se vuelve desorganizado y le cuesta asegurarse de que el equipo esté al día. Esto retrasa los plazos y le genera más estrés.

Impacto del problema: «¿Qué pasa cuando estas dificultades te impiden coordinar bien el equipo?». María explica que las tareas se retrasan, el cliente se queja y, a veces, se generan conflictos en el equipo debido a la falta de claridad en las responsabilidades.

Exploración de soluciones potenciales: «Si pudieras cambiar algo de las herramientas que usas, ¿qué cambiarías?». María quisiera una herramienta que centralizara toda la información de los proyectos, donde pudiera ver el progreso en tiempo real y que fuera fácil de usar para todo el equipo, sin necesidad de actualizar manualmente tantas plataformas.

A través de esta entrevista de problema, la empresa de *software* ha identificado las principales dificultades: falta de integración de herramientas, desorganización en el seguimiento de tareas y comunicación ineficiente. Estos puntos de dolor ayudan a guiar en el desarrollo de una solución adaptada a las necesidades de María.

Una empresa emergente llamada EcoPack quiere desarrollar un producto de embalaje ecológico para reducir el uso de plásticos en envíos de paquetería. El equipo de EcoPack decide realizar entrevistas de problema para comprender los desafíos a los que se enfrentan los clientes en relación con el embalaje sostenible. Lleve a cabo las entrevistas de problema siguiendo los pasos de la tabla anterior.

También pueden utilizar herramientas complementarias para medir la experiencia del cliente como:

1. **Métricas NPS (Net Promoter Score):** es el parámetro estándar para medir la fidelidad y la satisfacción de los clientes. Es muy útil para evaluar la satisfacción del cliente en cualquier punto de su recorrido, ya que sirve para medir la lealtad de los clientes al preguntar si es probable que recomienden un producto o servicio a otros.

   Los encuestados responden en una escala de 0 a 10 y se agrupan en promotores, pasivos y detractores, según la nota atribuida:

   - **0-6: Detractores** – Este grupo no recomendará su empresa e incluso puede desanimar a amigos y conocidos a la hora de convertirse en clientes. También tiende a escribir reseñas o evaluaciones negativas.

   - **7-8: Pasivos** – Este grupo no está particularmente insatisfecho, pero tampoco recomendaría su empresa. Se comporta de manera neutral al respecto. Por lo tanto, los pasivos se pueden ignorar en el cálculo del NPS.

   - **9-10: Promotores** – Los llamados promotores perciben su empresa como muy positiva y, probablemente, la recomienden a su círculo de conocidos.

   Esta métrica ayuda a identificar la satisfacción de los clientes y la resolución del problema en relación con el producto o servicio. Es muy sencillo de calcular, puesto que se suman las respuestas y se resta el porcentaje de detractores del porcentaje de promotores; por ejemplo, si el 60 % de los encuestados son promotores, el 10 % son detractores y el 30 % son pasivos, su Net Promoter Score (NPS) sería 60 – 10 = 50.

2. **Métricas CES (Customer Effort Score):** se trata de evaluar el esfuerzo que los clientes sienten que deben hacer para interactuar con una empresa o producto, como completar una compra o resolver un problema. Cuanto menor sea el esfuerzo percibido, mayor será la satisfacción y la probabilidad de lealtad del cliente. Se le pide al cliente que califique en una escala de cinco puntos (que va de «muy difícil» a «muy fácil») cuánto esfuerzo debió hacer al utilizar un determinado producto o servicio.

   La fórmula para calcular la puntuación del esfuerzo del cliente será:

   - **Suma de las puntuaciones:** según la estructura de la escala, los encuestados pueden asignar puntuaciones en diferentes rangos.

- **Número de respuestas:** se cuentan todos los cuestionarios en los que se ha respondido a la pregunta CES.

Dividiendo la suma de las puntuaciones entre el número de respuestas, se obtiene el CES. La idea que lo rige es simple: los clientes desean satisfacer sus necesidades fácilmente, sin esfuerzo. En la medida en que la satisfacción de estas necesidades se hace difícil, aumentan las posibilidades de que el cliente prefiera dirigirse a la competencia.

3. **Focus Groups:** se trata de reuniones de grupos pequeños de clientes donde se discute sobre problemas, experiencias o ideas relacionadas con un producto o servicio. A través de la interacción entre los participantes, las empresas pueden obtener información valiosa sobre las percepciones de los usuarios y descubrir patrones en las necesidades o problemas. Hoy día, se puede implementar esta técnica a través de una comunidad *online,* ya que la técnica tradicional *offline* requiere de una mayor preparación ya que, al ser un evento presencial, requiere de un lugar físico, que incluya otros espacios, como baños y un servicio de *catering,* para que los participantes estén cómodos. Los grupos de discusión virtuales se reúnen a través de una plataforma en línea. Esta es una forma de innovar y sorprender a los participantes de un estudio.

funcionalidades. Ambos se usan en metodologías como el ***design thinking*** o el ***lean startup;*** se diferencian en su nivel de detalle y complejidad. Los de baja fidelidad se caracterizan por ser económicos, rápidos de construir y arreglar, y no precisan técnicos expertos, mientras que, en los de alta fidelidad, se usan herramientas especializadas de prototipado, que ofrecen más detalle y precisión y sí que requieren expertos.

2. **Validación:** se corresponde con el proceso de probar si el producto, servicio o solución satisface las necesidades y expectativas del cliente real. Implica recopilar retroalimentación directa del público objetivo a través de pruebas de usuario, encuestas, entrevistas o experimentos en el mercado. En la validación, se siguen estos pasos: en primer lugar, las pruebas con usuarios, que conlleva probar el prototipo con personas reales, para observar su comportamiento y recibir retroalimentación; en segundo lugar, la utilización de métricas y análisis, con los cuales se recopilan datos de uso, satisfacción o efectividad del prototipo; y, por último, con base en la retroalimentación, se incorporan mejoras o ajustes en el prototipo.

Por lo tanto, el prototipado y la validación son etapas esenciales para garantizar que la solución final se encuentre alineada con las necesidades del mercado y los usuarios.

4.6 PUESTA EN PRÁCTICA DE TÉCNICAS DE VALIDACIÓN DE IDEAS Y GENERACIÓN DE PROTOTIPOS

Para minimizar riesgos antes del lanzamiento de productos o servicios, deviene clave la utilización de dos etapas, como el prototipado y la validación. Dentro del apartado de generación de ideas, en el proceso, se ha comentado brevemente el prototipado o prueba de concepto y la validación como un paso dentro del proceso de generación de ideas emprendedoras.

1. **Prototipado:** se trata del proceso de crear una versión preliminar o modelo de un producto, servicio o solución. Su objetivo es probar conceptos, visualizar la idea y detectar posibles errores o mejoras, antes de pasar a una producción final. Los prototipos pueden ser físicos (en el caso de productos) o digitales (en el caso de *software,* servicios o aplicaciones).

Se puede hablar de dos tipos de prototipos: el de baja fidelidad, simples representaciones visuales o funcionales, como bocetos, diagramas o maquetas, y el de alta fidelidad, versiones más cercanas al producto final, que pueden incluir más detalles y

---

EJEMPLO 8

Una empresa emergente quiere lanzar al mercado una botella reutilizable hecha de materiales reciclados y sostenibles. Para asegurar la viabilidad de la idea, el equipo de trabajo sigue varios pasos de validación y creación de prototipos.

Solución:

1. Definición de la hipótesis de valor: el equipo de trabajo define su hipótesis principal: «Los usuarios de productos ecológicos prefieren botellas reutilizables y de materiales reciclados, frente a las de plástico».

2. Validación de la idea mediante encuestas: se realiza una encuesta entre consumidores potenciales en redes sociales y tiendas ecológicas. Preguntan a los participantes sobre su interés en productos sostenibles y su disposición a pagar un precio *premium*. El resultado de dichas encuestas es el siguiente: un 80 % de los encuestados se muestra interesado en una botella sostenible y estaría dispuesto a pagar un 20 % más que por una botella común.

3. Creación de un prototipo de baja fidelidad: para evaluar la usabilidad y diseño, el equipo desarrolla un prototipo con materiales básicos, sin ser la versión final del producto, para recibir retroalimentación. Posteriormente, se realiza la prueba del prototipo, entregándolo a 10 usuarios frecuentes de productos sostenibles y les piden que lo usen durante una semana. Los usuarios proporcionan comentarios sobre el diseño, peso y practicidad de la botella.

EJEMPLO 8 (continuación)

4. Recopilación de *feedback* y ajuste: a partir de los comentarios recibidos, se descubre que algunos usuarios prefieren un diseño de boca ancha, pues facilita la limpieza, mientras que otros sugieren incluir una funda de silicona para mejorar el agarre. El equipo toma la decisión de incorporar estos cambios en el diseño final.

5. Prueba de mercado: finalmente, se lanza una pequeña producción de las botellas mejoradas en una tienda en línea, para probar la aceptación del producto y recopilar datos de ventas y satisfacción.

6. Evaluación del éxito: tras un mes en el mercado de prueba, se vende el 70 % del *stock* inicial y se reciben comentarios positivos, lo que indica que el producto cuenta con un potencial real en el mercado.

GLOSARIO

Usabilidad significa desarrollar y fabricar productos, sistemas y servicios más fáciles de usar para todo tipo de usuario, de manera que se satisfagan necesidades y requerimientos de los usuarios.

EJERCICIO 9

Una empresa emergente, que fabrica escobas y mopas hechas de materiales reciclados y sostenibles, quiere lanzar un nuevo producto al mercado. La empresa decide aplicar técnicas de validación y crear prototipos, para asegurarse de que el producto sea viable y atractivo para los consumidores. Basándose en el ejemplo anterior, determine los pasos a seguir.

4.7 EL *MARKETING* PARA EL DESARROLLO DE TÉCNICAS DE COMUNICACIÓN Y VENTA

El *marketing* es una disciplina que sirve para conectar a la empresa con su mercado objetivo, con el fin de cumplir con los objetivos comerciales de manera eficiente y sostenible. Por lo tanto, es el conjunto de estrategias, técnicas y acciones que una empresa utiliza para identificar, crear y satisfacer las necesidades y deseos de los consumidores, con el objetivo de promover productos, servicios o marcas. Involucra desde el análisis de mercado, la segmentación del público y la creación de productos adecuados, hasta la comunicación efectiva y la gestión de relaciones con los clientes.

Con el *marketing,* se busca no solo generar ventas, sino también construir una relación de valor a largo plazo entre la empresa y el cliente. Esto se logra mediante diversas herramientas y disciplinas como la publicidad, la promoción, la investigación de mercado, el *branding* y las técnicas digitales modernas, como el *marketing* digital, el *search engine optimization* (SEO) o el *content marketing.*

GLOSARIO

El *marketing* **digital** es la aplicación de estrategias de *marketing* a través de medios digitales, como Internet y dispositivos móviles. Se enfoca en el uso de plataformas en línea, redes sociales, motores de búsqueda, correo electrónico y otros canales digitales, para promocionar productos o servicios; por ejemplo, redes sociales como Facebook, Instagram o LinkedIn.

SEO se refiere a las estrategias y técnicas utilizadas para mejorar la visibilidad de un sitio web en los motores de búsqueda, como Google. El objetivo reside en optimizar el contenido y la estructura del sitio para que aparezca en las primeras posiciones de los resultados de búsqueda orgánica, es decir, resultados de búsqueda que aparecen de forma natural, sin utilizar publicidad de pago.

El *content marketing* (*marketing* **de contenido**), por su parte, se enfoca en crear y distribuir contenido relevante y valioso para atraer y retener a una audiencia específica. Su objetivo es educar, informar o entretener a los usuarios, en lugar de venderles de manera directa; por ejemplo, los blogs y artículos.

Las principales funciones del *marketing* serán la *identificación de necesidades,* investigando el mercado y entendiendo qué quiere el cliente; la *creación de valor,* puesto que se desarrollan productos o servicios que satisfacen esas necesidades; la *comunicación,* dado que se promueven productos y servicios de forma efectiva a través de distintos canales; la *distribución,* ya que asegura que el producto llegue a los consumidores de la forma más eficiente posible, y la *fidelización*, estableciendo relaciones duraderas con los clientes mediante un servicio y experiencia de calidad.

Las técnicas de comunicación en el *marketing* se refieren a la forma en que las empresas transmiten su mensaje a los consumidores. Esto incluye no solo los anuncios tradicionales, sino también cómo se interactúa en canales digitales, redes sociales, correos electrónicos, etc.

Figura 4.6 Técnicas de comunicación en el *marketing*.

TÉCNICA	DESCRIPCIÓN
Storytelling	Crear narrativas que conecten emocionalmente con el cliente
Marketing de contenidos	Generar y compartir contenido valioso y relevante, que atraiga y retenga a una audiencia
Publicidad digital	Usar anuncios pagados en plataformas como Google, Facebook o Instagram, para llegar al público objetivo
Marketing omnicanal	Asegurarse de que la comunicación sea consistente, a través de todos los puntos de contacto con el cliente, como tiendas físicas, *apps* móviles, redes sociales, etc.

A partir del *marketing,* se busca influir en el proceso de compra, por lo que se aplican diversas técnicas de venta, que ayudan a guiar a los potenciales clientes (prospectos) hacia una compra o acción deseada, transformándolos en clientes finales. Entre las más usadas, se encuentran:

- Embudo de ventas *(sales funnel),* que será el proceso por el que se guía al cliente desde la primera interacción hasta la compra final.

- Ventas consultivas, basadas en entender las necesidades del cliente y ofrecer soluciones específicas.

- *Cross-selling* y *up-selling,* los cuales consisten en ofrecer productos complementarios *(cross-selling)* o de mayor valor *(up-selling)* para aumentar el tique de compra.

- Ventas emocionales, que apelan a las emociones y deseos del cliente, en lugar de solo enfocarse en las características del producto.

Es importante una comunicación efectiva, en la que el mensaje se alinee con las necesidades y expectativas del cliente, así como un buen *marketing* de comunicación, para crear una relación a largo plazo con los clientes, lo que facilita la venta futura.

EJERCICIO 10

Establezca una técnica de comunicación y otra de venta para una empresa de ropa deportiva que vende *online*. Explique el motivo de dicha elección.

Reto profesional

Identifique una necesidad no cubierta o una oportunidad emergente en su entorno y desarrolle una idea emprendedora innovadora, en la que se ofrezca una solución con impacto económico, social o ambiental.

Objetivos del reto:

1. Identificación de oportunidades: analizar el entorno (mercado, sector, tecnología, etc.) para detectar necesidades insatisfechas o áreas de oportunidad.

2. Desarrollo de una propuesta: idear un proyecto innovador que responda a esa necesidad, con un enfoque claro y bien estructurado.

3. Validación inicial: realizar un análisis básico de viabilidad de la idea y cómo podría ejecutarse con los recursos disponibles.

4. Propuesta de valor: definir la propuesta de valor única de la idea y cómo solucionará el problema identificado de manera eficaz.

Mapa conceptual

Detección y generación de ideas

Identificación y análisi del entorno
Lluvia de ideas
Evaluación de la viabilidad
Propuesta de valor
Prototipado y validación
Implementación y lanzamiento

Balance social

Son sus elementos clave el impacto social y ambiental, las condiciones laborales y la ética.

Prototipado y validación

El prototipado es un proceso de crear una versión preliminar. Puede ser de alta y baja fidelidad. La validación es el proceso de probar, mediante pruebas, métricas, análisis y ajustes.

UD. 4 IDEAS EMPRENDEDORAS Y NUEVAS OPORTUNIDADES

Aprovechar las tecnologías emergentes, detectar nuevas necesidades, estar al tanto de nuevas regulaciones y aprovechar la apertura de mercados y nuevas formas de comercialización.

Análisis macroentorno y microentorno

En el macroentorno son importantes los factores económicos, sociales, tecnológicos, políticos, sociales y medioambientales.
En el microentorno: los clientes, proveedores, competencia, intermediarios y los stakeholders.
Las entrevistas de problemas para identificar necesidades de clients.

Marketing: técnicas de comunicación y venta

La comunicación se refiere a la transmisión de mensaje. Técnicas comunes son: storytelling, marketing de contenidos, publicidad digital y marketing omnicanal.
Entre las técnicas de venta está el embudo de ventas, las ventas consultivas, *cross-selling* y *up-selling* y las ventas emocionales.

Figura 4.7 Mapa conceptual de la unidad 4, «Las ideas emprendedoras y nuevas oportunidades».

- Las ideas emprendedoras son factores clave para identificar las nuevas oportunidades. La detección de necesidades implica realizar una investigación exhaustiva y una interacción constante con el público objetivo, para identificar carencias, deseos y puntos de mejora.

- Los pasos para la detección de necesidades son identificar quiénes son las personas destinatarias del proyecto, las necesidades, la propuesta de soluciones, la creación de un modelo o versión inicial y la recopilación de comentarios. Por último, si la solución es innovadora, cabe educar al público sobre cómo utilizar el producto o servicio. Se puede emplear para detectar necesidades como herramienta eficaz el *buyer persona*.

- El proceso de generación de ideas emprendedoras consta de los siguientes pasos: identificación del problema, análisis del entorno, evaluación de la viabilidad, propuesta de valor, prototipado y validación, estrategia de implementación, lanzamiento y crecimiento.

- La propuesta de valor es la promesa clara de los beneficios del producto o servicio que se ofrece a los clientes, además de cómo se resuelven los problemas y se mejora la situación.

- La herramienta para diseñar y visualizar el modelo de negocio es el Business Model Canvas, con el que se organizan los elementos en un esquema visual para entender mejor el proyecto emprendedor. Dependiendo de cómo las empresas creen y capturen el valor, encontramos diferentes tipos de modelo de negocio.

- El balance social es la herramienta que permite a las empresas y organizaciones evaluar y comunicar el impacto de sus actividades en términos sociales, económicos y ambientales. Sus elementos clave son el impacto social, el impacto ambiental, las condiciones laborales y la ética empresarial.

- El macroentorno son todos los factores externos y generales que afectan a todas las empresas y están fuera del control del emprendedor. Son los factores económicos, sociales, tecnológicos, legales, políticos y medioambientales. Para evaluar el entorno general de una empresa, se utiliza el análisis Pestel.

- El microentorno se conforma por los factores más cercanos al emprendedor y pueden ser controlados, al menos, parcialmente por la empresa. Lo constituyen los clientes, los proveedores, la competencia, los intermediarios y los *stakeholders*. Comúnmente se utiliza la herramienta del DAFO para identificar las debilidades, amenazas, fortalezas y oportunidades de la empresa.

- Para conocer las necesidades de los clientes, la interacción con una marca, producto o servicio, se utilizan herramientas como el Customer Experience, el Customer Journey y el Use Experience.

- Para entender los problemas o necesidades de los clientes, se utilizan las entrevistas de problemas, mediante las cuales se obtiene información directa y ayudan a las empresas a diseñar soluciones más efectivas. Se pueden utilizar herramientas complementarias, como las métricas NPS, las métricas CES y los Focus Groups.

- El prototipado es el proceso de crear una versión preliminar del producto, servicio o solución. Se prueban para detectar errores o mejoras antes de llegar a la producción final. Puede ser de alta o baja fidelidad.

- En la validación, se recopilan comentarios sobre el uso y funciones y se hacen ajustes, antes de lanzar la versión final del producto o servicio al mercado.

- El *marketing* desempeña un papel fundamental en las técnicas de comunicación y venta.

- En la comunicación, en cómo las empresas transmiten su mensaje, algunas técnicas son el *storytelling*, el *marketing* de contenidos, la publicidad digital y el *marketing* omnicanal.

- En cuanto a las técnicas de venta en el *marketing*, se busca influir en el proceso de compra y se aplican varias técnicas, como el embudo de ventas, las ventas consultivas, el *cross-selling* y *up-selling* y las ventas emocionales.

1. El público objetivo es:
a) El conjunto de personas al que una empresa o marca dirige sus productos, servicios o campañas de *marketing.*
b) Son acciones efectuadas por un grupo de personas para mantener un empleo.
c) Son acciones planificadas que una persona puede llevar a cabo para aumentar sus posibilidades de encontrar un trabajo.
d) Todas son correctas.

2. El *buyer persona*:
a) Es una técnica de planificación estratégica aplicada y empleada en el contexto personal.
b) Se trata de una representación ficticia y detallada del cliente ideal de una empresa.
c) Es una técnica de planificación estratégica aplicada y empleada en el contexto profesional.
d) Todas son correctas.

3. El proceso creativo:
a) Es el conjunto de pasos y técnicas que se utilizan para generar ideas innovadoras y desarrollar soluciones originales a problemas.
b) El mapa de empatía y la propuesta de valor son dos herramientas clave que ayudan a comprender al cliente y ofrecer productos o servicios alineados con sus necesidades.
c) El mapa de empatía es la herramienta utilizada para obtener una comprensión profunda de los usuarios o clientes.
d) Todas son correctas.

4. El balance social es:
a) Una herramienta que permite a las empresas y organizaciones evaluar y comunicar el impacto de sus actividades en términos sociales, económicos y ambientales.
b) Se contactan referencias proporcionadas por el candidato y se utilizan servicios de verificación de antecedentes.
c) Es una herramienta complementaria.
d) Todas las anteriores.

5. El Customer Experience:
a) Es el recorrido que una persona sigue desde que tiene conocimiento de una marca hasta que se convierte en cliente.
b) Es el conjunto total de percepciones y emociones que un cliente experimenta a lo largo de todas las interacciones con una empresa.
c) Es una técnica de planificación estratégica aplicada y empleada en el contexto personal.
d) Ninguna es correcta.

6. El producto interior bruto:
a) Es el nivel en el que los ingresos cubren los gastos o costes totales (costes fijos + costes variables), sin generar pérdidas ni ganancias.
b) Indica el aumento de los precios en una economía.
c) Sirve para medir el valor total de bienes y servicios producidos por una economía.
d) Todas son correctas.

7. Con el tipo de cambio:
a) Se miden las entradas y salidas de efectivo en una empresa durante un periodo determinado.
b) Influye en la competitividad de las exportaciones e importaciones.
c) Se miden las salidas de efectivo en una empresa durante un periodo determinado.
d) Todas son correctas.

8. La tasa de interés:
a) Incluye los intereses o impuestos.
b) Afecta al coste de financiación y los niveles de consumo e inversión.
c) Incluye los costes operativos, como salarios y alquileres, pero no los intereses o impuestos.
d) Todas son correctas.

9. Con el *marketing,* se busca influir en el proceso de compra, por lo que se aplican diversas técnicas de venta:
a) Como el *storytelling,* el *marketing* de contenidos, la publicidad digital y el *marketing* omnicanal.
b) Como el embudo de ventas, las ventas consultivas, el *cross-selling* y *up-selling* y las ventas emocionales.
c) Como una técnica de venta al por menor, que implica la apertura de una tienda definitiva en una ubicación específica durante un periodo de tiempo limitado.
d) Todas las anteriores.

10. El prototipado:
a) Es el proceso de crear una versión preliminar del producto, servicio o solución.
b) Se prueban los productos o servicios para detectar errores o mejoras antes de llegar a la producción final.
c) Puede ser de alta o baja fidelidad.
d) Todas las anteriores.

ACTIVIDAD 1

Entre en la página web de Airbnb (https://www.airbnb.es/help/article/2503). En ella encontrará información sobre cómo funciona dicha empresa. Mediante la aplicación de la metodología Business Model Canvas, desarrolle el segmento de mercado, la propuesta de valor, los canales y la relación con sus clientes.

ACTIVIDAD 2

Cree el *buyer persona* para una empresa de domótica; para ello, nos basamos en el siguiente supuesto práctico:

La empresa HomeTech Solutions desarrolla dispositivos domóticos orientados a la automatización de hogares pequeños y apartamentos urbanos. Su principal producto es un paquete inicial con sensores para controlar la iluminación y la temperatura desde una *app* móvil.

El objetivo es identificar a un *buyer persona*, para dirigir mejor las estrategias de *marketing* y ventas. Para ello, ha realizado una investigación de mercado, de modo que se llega a las siguientes conclusiones:

- Encuestas a clientes potenciales y análisis de datos del mercado local.

- Datos clave:

  o El 70 % de los interesados son *millennials* (veinticinco-treinta y cinco años).

  o Los usuarios buscan tecnologías accesibles y de fácil instalación.

  o El 50 % vive en apartamentos de menos de noventa metros cuadrados.

Para crear el *buyer persona*, determine sus datos personales, su comportamiento, los puntos de dolor, sus motivaciones, sus canales preferidos y el mensaje clave.

ACTIVIDAD 3

Lleve a cabo el análisis Pestel de una empresa de transportes ficticia, especializada en transporte de mercancías a nivel nacional, que desea analizar su entorno macroeconómico para identificar oportunidades y amenazas, de cara a la expansión de su servicio en 2024. Puede utilizar la plantilla facilitada en la unidad para una mayor visualización del análisis.

ACTIVIDAD 4

Cree un *storytelling* sobre una empresa de venta de ropa *vintage*.

Puede ayudarse de la información establecida en la siguiente página: https://sernagrp.com/blog/como-hacer-storytelling/.

U 5

El proyecto emprendedor

En esta unidad va a estudiar:

- Conceptos clave de emprendimiento e innovación social.

- Liderazgo ético y sostenible en las organizaciones.

- Tecnología como motor del cambio productivo.

- Design thinking para identificar necesidades sociales y ambientales.

- Diseño de modelos de negocio ecosociales y tecnológicos.

- Alineación de metas de desarrollo sostenible con los negocios.

Con su estudio, va a ser capaz de:

- Analizar conceptos básicos de emprendimiento e innovación social.

- Reflexionar sobre el liderazgo ético y sostenible.

- Evaluar la tecnología como motor del cambio productivo.

- Usar pensamiento de diseño para detectar necesidades.

- Diseñar modelos de negocio ecosociales o tecnológicos.

- Estudiar la viabilidad y opciones financieras responsables.

5.1 ANÁLISIS DE LOS CONCEPTOS BÁSICOS DE EMPRENDIMIENTO E INNOVACIÓN SOCIAL

El emprendimiento es el proceso de identificar, desarrollar y llevar a cabo una idea o proyecto, generalmente para crear un negocio o una organización con un impacto económico, social o cultural. Implica una mentalidad proactiva y orientada a la acción, donde los emprendedores buscan oportunidades, gestionan recursos y asumen riesgos para generar valor.

La innovación social se enfoca en desarrollar soluciones con las que se aborden necesidades sociales de manera efectiva y sostenible, de forma que generen un impacto positivo. Se trata de utilizar la creatividad y el pensamiento innovador para resolver problemas sociales, ambientales o culturales, que afectan a la comunidad o al entorno global.

En el emprendimiento social, se combinan ambos conceptos, ya que se aplican principios emprendedores a proyectos con un fin social o ambiental. Los emprendedores sociales buscan generar impacto positivo mientras construyen modelos de negocio sostenibles, que permitan la continuidad y expansión de sus iniciativas.

Ambos conceptos se complementan y potencian mutuamente, para no solo generar valor económico, sino también un cambio positivo en la sociedad. Ambos requieren creatividad, gestión de recursos y visión clara para identificar y aprovechar oportunidades, ya sea para el beneficio económico o social.

5.1.1 El liderazgo ético y sostenible en las organizaciones

Al hablar de liderazgo ético y sostenible, se trata de buscar no solo el enfoque económico (resultados), sino considerar los principios éticos y el impacto ambiental y social de las decisiones empresariales; es decir, se promueven la responsabilidad, la integridad y el respeto por las personas y el entorno dentro de las organizaciones. Son principios de un liderazgo ético y sostenible:

- *La integridad y transparencia:* así, los líderes actúan con honestidad, manteniendo una conducta coherente con sus valores y los de la organización. Y fomentan la transparencia en la toma de decisiones.

- *Responsabilidad social y ambiental:* ya que se busca mitigar los efectos negativos y se promueven prácticas sostenibles; además, se trabaja para integrar los Objetivos de Desarrollo Sostenible (ODS) en la estrategia empresarial y, así, contribuir al bienestar y el cuidado del medio ambiente.

- *Orientación a largo plazo:* en lugar de los beneficios inmediatos, se busca un crecimiento sostenible, que beneficie a la empresa y a la sociedad.

- *Desarrollo de talento:* se fomentan el respeto y la diversidad en la empresa, para que todos se sientan valorados y con igualdad de oportunidades para crecer y desarrollarse profesionalmente. Se promueve lo que se denomina «liderazgo inclusivo», caracterizado por escuchar y valorar las distintas perspectivas dentro de la organización.

El que una empresa cuente con un liderazgo ético y sostenible repercute en ella y le aporta una serie de beneficios puesto que, en primer lugar, implica una mejor reputación, al atraer clientes comprometidos con valores similares; en segundo lugar, su entorno laboral fomenta la lealtad y el compromiso de los empleados con la empresa, lo que reduce la rotación o cambio de personal; y, por último, las empresas se vuelven más innovadoras, dado que se buscan soluciones con las cuales equilibrar el rendimiento económico con el impacto positivo.

EJEMPLO 1

El propietario de una empresa de automoción especializada en la fabricación de vehículos eléctricos y soluciones de movilidad sostenible ha decidido enfocar su liderazgo en la ética y la sostenibilidad, para diferenciar a la empresa y garantizar su crecimiento a largo plazo. Determine las acciones y estrategias que implementar en la empresa.

Solución:

Compromiso con la sostenibilidad: a tal fin, se reduce la huella de carbono mediante el uso de energías renovables. También se introduce un programa de reciclaje de baterías de vehículos eléctricos, para minimizar el impacto ambiental y promover una economía circular.

Transparencia y ética: se revisa la cadena de suministro, para que todos los materiales provengan de fuentes responsables. Con el fin de garantizar la transparencia, se publican informes anuales, detallando las prácticas de sus responsables y los resultados de las auditorías de sostenibilidad.

Desarrollo de talento: se asegura la igualdad de oportunidades para sus empleados y se promueven programas de formación, para que desarrollen sus habilidades en temas de sostenibilidad.

Contribución a la comunidad: se donan vehículos eléctricos y se implementan estaciones de carga gratuita en zonas rurales.

EJERCICIO 1

Una empresa dedicada a la distribución de suministros eléctricos para proyectos residenciales e industriales ha decidido transformarse para adaptarse a las nuevas demandas del mercado y a las exigencias medioambientales. Determine, siguiendo el supuesto del ejemplo anterior, las acciones y estrategias que implementar en dicha empresa.

5.1.2 La importancia de la tecnología como base del cambio del modelo productivo

Se puede definir la tecnología como el conjunto de conocimientos, técnicas, métodos y herramientas que las personas utilizan para diseñar, desarrollar y aplicar soluciones a problemas específicos, lo que facilita la transformación de recursos en productos o servicios útiles. Por lo tanto, en la práctica, su uso abarca tanto herramientas simples como sistemas avanzados de *software* y *hardware*, que contribuyen a la evolución de la sociedad y la economía, impulsando la innovación y el cambio en el entorno productivo y social.

Para transformar y modernizar el modelo productivo, la tecnología es fundamental, puesto que incrementa la productividad y fomenta la sostenibilidad. Por lo tanto, resulta vital adaptarse a la digitalización, automatización y desarrollo de energías limpias.

En relación con la automatización y el uso de la inteligencia artificial, propicia que la empresa optimice sus procesos y reduzca costes, lo que aumenta la productividad y, además, libera recursos que pueden ser destinados a otras áreas de innovación.

A la vez, se promueve la creación de nuevos productos, servicios y modelos de negocio; por ejemplo, la economía digital y las plataformas en línea han generado nuevas oportunidades empresariales en sectores como el comercio electrónico y las *fintechs*. Además, el desarrollo de nuevas tecnologías, como el *blockchain* o el Internet de las cosas (IoT), ha cambiado la forma en que las empresas interactúan con sus clientes y gestionan sus operaciones.

GLOSARIO

Fintech es la combinación de *finance* (finanza) y *technology* (tecnología). Se refiere a las empresas y servicios que utilizan tecnologías innovadoras para mejorar, automatizar y ofrecer servicios financieros. Estas empresas suelen integrar *software*, aplicaciones y plataformas digitales para ofrecer productos como pagos móviles, banca digital, criptomonedas, gestión de inversiones en línea, préstamos y seguros digitales.

Debido a tecnologías como las energías renovables, la eficiencia energética y la economía circular, las empresas han reducido la huella de carbono, tras la adopción de prácticas más responsables con el medio ambiente.

Este cambio tecnológico ha impulsado la demanda de nuevas habilidades y profesiones, lo que abre oportunidades en sectores emergentes, como el desarrollo de *software*, la ciberseguridad y la robótica. Además, la tecnología facilita la capacitación y el aprendizaje continuo a través de plataformas digitales, lo que deviene fundamental para la adaptación de la fuerza laboral al nuevo entorno productivo.

Por ello, en un mundo globalizado, las empresas deben adaptarse rápidamente a las nuevas condiciones del mercado. La tecnología permite esta adaptación mediante herramientas digitales que facilitan el análisis de datos, la toma de decisiones y la personalización de productos y servicios. Esto mejora la competitividad y permite a las empresas mantenerse relevantes en un entorno dinámico.

En resumen, la tecnología es el motor que impulsa la evolución de los modelos productivos hacia sistemas más eficientes, innovadores y sostenibles, por lo que resulta crucial para el desarrollo económico y social.

EJEMPLO 2

¿Cómo cambiaría un modelo productivo, del tipo cultivo agrícola, a través de la tecnología?

Solución:

Mediante la agricultura de precisión, dado que, para optimizar el uso de recursos y aumentar la eficiencia en la producción de cultivos, se combinan **sensores, drones, imágenes satelitales e inteligencia artificial (IA)**. Esto se debe a que la **agricultura de precisión** supone un enfoque agrícola donde se utilizan tecnologías avanzadas cuyo objetivo principal recae en maximizar la productividad y minimizar los recursos utilizados, como agua, fertilizantes o pesticidas, mediante la recopilación y el análisis de datos en tiempo real.

5.2 DESARROLLO DEL PENSAMIENTO DE DISEÑO PARA LA DETECCIÓN DE NECESIDADES SOCIALES Y MEDIOAMBIENTALES

Se trata de una metodología centrada en la persona, ya que se utiliza para identificar, entender y resolver problemas sociales y medioambientales de una forma innovadora; se denomina «pensamiento de diseño» *(design thinking)*. Para la detección de estas necesidades, se siguen estos pasos:

- En primer lugar, se empatiza; es decir, se conoce a fondo a las personas y el contexto, poniéndose en su lugar, para poder identificar las necesidades.

- En segundo lugar, se define el problema concreto que se desea resolver, comprendiendo las causas.

- En tercer lugar, se idea mediante una variedad de soluciones posibles, utilizando el *brainstorming* e incentivando la creatividad para encontrar ideas innovadoras con impacto positivo en el medio ambiente.

- En cuarto lugar, se prototipa, desarrollando versiones iniciales mediante modelos físicos, simulaciones o representaciones gráficas que prueben la viabilidad.

- En quinto lugar, se prueban los prototipos en contexto real, obteniendo retroalimentación para mejorar la solución.

- Por último, se implementa la solución, realizando un seguimiento para llevar a cabo ajustes o mejoras.

Figura 5.1 Esquema de *design thinking*.

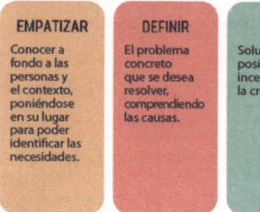
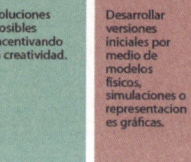
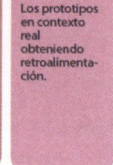

EJERCICIO 2

La clínica Salud Integral se percató de que muchos pacientes se quejaban de los largos tiempos de espera, la falta de información clara y las dificultades para coordinar citas y tratamientos. Para resolver tales problemas, el equipo de la clínica decide aplicar la metodología del pensamiento de diseño. Determine los pasos a seguir. Puede utilizar su plantilla para visualizar mejor los problemas detectados.

Figura 5.2 Esquema de Business Model Canvas Sostenible.

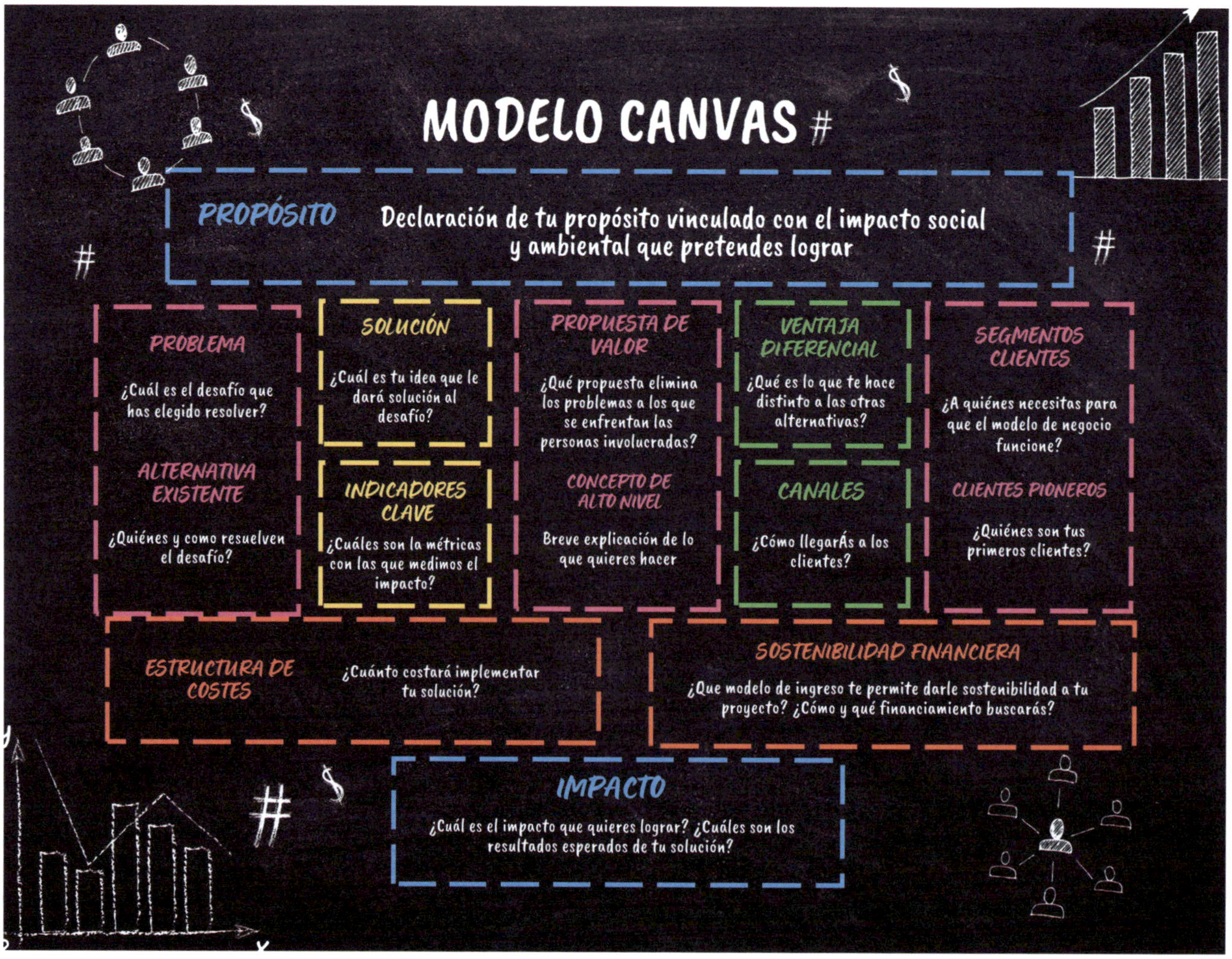

MODELO CANVAS

PROPÓSITO — Declaración de tu propósito vinculado con el impacto social y ambiental que pretendes lograr

PROBLEMA
¿Cuál es el desafío que has elegido resolver?

ALTERNATIVA EXISTENTE
¿Quiénes y como resuelven el desafío?

SOLUCIÓN
¿Cuál es tu idea que le dará solución al desafío?

INDICADORES CLAVE
¿Cuáles son la métricas con las que medimos el impacto?

PROPUESTA DE VALOR
¿Qué propuesta elimina los problemas a los que se enfrentan las personas involucradas?

CONCEPTO DE ALTO NIVEL
Breve explicación de lo que quieres hacer

VENTAJA DIFERENCIAL
¿Qué es lo que te hace distinto a las otras alternativas?

CANALES
¿Cómo llegarás a los clientes?

SEGMENTOS CLIENTES
¿A quiénes necesitas para que el modelo de negocio funcione?

CLIENTES PIONEROS
¿Quiénes son tus primeros clientes?

ESTRUCTURA DE COSTES
¿Cuánto costará implementar tu solución?

SOSTENIBILIDAD FINANCIERA
¿Que modelo de ingreso te permite darle sostenibilidad a tu proyecto? ¿Cómo y qué financiamiento buscarás?

IMPACTO
¿Cuál es el impacto que quieres lograr? ¿Cuáles son los resultados esperados de tu solución?

5.2.1 Análisis de los elementos del diseño de modelos de negocio ecosociales y/o de base tecnológica

Para analizar los elementos de los modelos de negocio ecosociales y de base tecnológica, en este punto, se va a utilizar el Business Model Canvas, estudiado en la unidad 4 del libro, ya que constituye una herramienta visual que permite descomponer y organizar los componentes clave de un negocio en nueve secciones: propuesta de valor, segmentos de clientes, canales de distribución, relaciones con los clientes, fuentes de ingresos, recursos clave, actividades clave, socios clave y estructura de costes. Además, esta metodología es útil para analizar y diseñar modelos de negocio de manera integral, lo que permite ver cómo cada elemento se conecta y contribuye al objetivo general del negocio; en este caso, con un enfoque en sostenibilidad e impacto social positivo.

Teniendo en cuenta el esquema de la figura 5.2, y sus nueve secciones, se analiza el modelo de negocio: tanto su parte ecosocial como la tecnológica.

1. Propuesta de valor

- Ecosocial: se centra en ofrecer productos o servicios que mejoren el bienestar social y ambiental; por ejemplo, energías limpias o productos que promuevan la economía circular.

- Base tecnológica: se aportan soluciones innovadoras a través de tecnologías avanzadas, como el uso de *software,* para optimizar procesos o aplicaciones móviles, con objeto de conectar usuarios y servicios.

2. Segmentos de clientes

- Ecosocial: se dirige a consumidores conscientes, que buscan opciones sostenibles y responsables, o a comunidades vulnerables, que se benefician de soluciones específicas (como acceso a agua potable).

- Base tecnológica: puede tratarse de empresas, usuarios finales o instituciones que necesiten herramientas tecnológicas para resolver problemas específicos o mejorar su eficiencia.

3. Canales de distribución

- Ecosocial: se utilizan canales que minimizan la huella de carbono, como plataformas en línea, para reducir el uso de papel, o redes locales, para acortar distancias y apoyar a productores locales.

- Base tecnológica: predominan los canales digitales, como aplicaciones móviles, *software as a service* (SaaS) y plataformas de comercio electrónico.

4. Relaciones con los clientes

- Ecosocial: se enfoca en la educación y la concienciación del cliente sobre prácticas sostenibles e impacto positivo de sus elecciones de consumo.

- Base tecnológica: se entabla una relación automatizada mediante plataformas digitales, que permiten la personalización y el servicio al cliente eficiente a través de, por ejemplo, *chatbots* (programas informáticos que permiten simular una conversación con usuarios finales humanos).

GLOSARIO

SaaS, o *software as a service,* es una forma de poner a disposición *softwares* y soluciones de tecnología por medio de Internet, como un servicio. Con este modelo, la empresa no necesita instalar, mantener y actualizar *hardwares* y *softwares.*

5. Fuentes de ingresos

- Ecosocial: pueden provenir de la venta de productos sostenibles y servicios de impacto social o a través de subsidios y financiación pública.

- Base tecnológica: incluye suscripciones, licencias de *software,* anuncios digitales o modelos *freemium,* que evolucionan a servicios *premium.*

6. Recursos clave

- Ecosocial: se trata de recursos naturales gestionados de forma sostenible, conocimientos en prácticas ecoamigables y alianzas con organizaciones no gubernamentales (ONG) o gobiernos.

- Base tecnológica: se nutre de una infraestructura tecnológica (*data centers* o equipos de desarrollo), talento especializado en tecnologías de la información (TI) y capital intelectual (patentes, algoritmos, *software,* etc.).

GLOSARIO

Un *data center,* o centro de procesamiento de datos, es una instalación, construcción o inmueble de gran tamaño donde se albergan y mantienen numerosos equipos electrónicos, como servidores, ventiladores, conexiones y otros recursos necesarios usados para mantener una red o un sistema de ordenadores.

7. Actividades clave

- Ecosocial: se desarrolla en la producción sostenible, la gestión de proyectos de impacto social y las campañas de concienciación ambiental.

- Base tecnológica: se nutre del desarrollo de *software,* el mantenimiento de plataformas, el análisis de datos y la actualización constante de tecnologías.

8. Socios clave

- Ecosocial: ONG; instituciones gubernamentales; cooperativas y comunidades locales, que compartan la visión de sostenibilidad.

- Base tecnológica: empresas tecnológicas, proveedores de servicios de datos, consultoras y universidades para investigación y desarrollo.

9. Estructura de costes

- Ecosocial: incluye costes en procesos sostenibles, inversión en prácticas responsables y certificaciones ecológicas.

- Base tecnológica: se compone de desarrollos tecnológicos, mantenimiento de servidores, costes de programación y *marketing* digital.

El análisis de estos elementos permite desarrollar modelos de negocio con los que no solo se busca la rentabilidad, sino que también se prioriza el impacto positivo en la sociedad y el medio ambiente, utilizando la tecnología como palanca para maximizar los efectos.

EJEMPLO 3

Mediante el método Business Model Canvas, analice el siguiente supuesto práctico: crear un **marketplace** **digital, es decir, una plataforma en línea** o **mercado digital**, que conecte a pequeños agricultores locales que practican la **agricultura sostenible** con consumidores urbanos interesados en productos orgánicos y de bajo impacto ambiental.

5.2.2 Alineación de las metas de desarrollo sostenible con los modelos de negocio

Esta alineación implica integrar los ODS en las estrategias y operaciones empresariales, para lograr un impacto positivo en la sociedad y el medio ambiente. Esto se debe a que las empresas no solo buscan rentabilidad económica, sino que también se comprometen con el desarrollo sostenible a largo plazo.

GLOSARIO

Los **ODS** son una serie de 17 objetivos globales establecidos por las Naciones Unidas en 2015 como parte de la **Agenda 2030**. Su propósito es abordar los principales desafíos mundiales, como la pobreza, la desigualdad, el cambio climático, la degradación ambiental, la paz y la justicia, y promover un desarrollo sostenible e inclusivo para todas las personas y el planeta.

CURIOSIDADES

Los ODS incluyen metas específicas en áreas clave como:

1. Fin de la pobreza
2. Hambre cero
3. Salud y bienestar
4. Educación de calidad
5. Igualdad de género
6. Agua limpia y saneamiento
7. Energía asequible y no contaminante
8. Trabajo decente y crecimiento económico
9. Industria, innovación e infraestructura
10. Reducción de las desigualdades
11. Ciudades y comunidades sostenibles
12. Producción y consumo responsables
13. Acción por el clima
14. Vida submarina
15. Vida de ecosistemas terrestres
16. Paz, justicia e instituciones sólidas
17. Alianzas para lograr los objetivos

Estos objetivos se interrelacionan y se busca alcanzar un equilibrio entre la **sostenibilidad económica, social y ambiental**.

PARA SABER MÁS

Sobre la agenda 2030 y los ODS en España, visite la página:

https://www.dsca.gob.es/es/agenda-2030/conoce-la-agenda

Por ello, algunas formas de alineación de los ODS con los modelos de negocio serían las siguientes:

1. Una propuesta de valor responsable, en la que las empresas diseñan productos y servicios con los que se abordan directamente uno o varios de los ODS, como el acceso a energía asequible y no contaminante (ODS 7), o productos que promuevan la salud y el bienestar (ODS 3).

2. Una estructura sostenible en la cadena de suministro. En este caso, las empresas para alinearse con el ODS 12 (producción y consumo responsables) pueden implementar prácticas sostenibles en sus cadenas de suministro, reduciendo residuos, eligiendo materiales ecológicos y garantizando condiciones laborales justas (ODS 8).

3. Una economía circular, como modelos de negocio alineados con el ODS 12, centrándose en reutilizar, reciclar y reducir el uso de recursos para minimizar el impacto ambiental.

4. Incluir estrategias inclusivas y diversas, en las que las empresas integran la igualdad de género (ODS 5) y el trabajo decente (ODS 8) en sus políticas de empleo, asegurando que sus operaciones promuevan la inclusión social y la equidad, reflejando un compromiso con el bienestar de sus empleados y comunidades.

5. La innovación y tecnología. Así, las empresas invertirán en investigación y desarrollo para soluciones tecnológicas que reduzcan emisiones (ODS 13) o que garanticen acceso a educación de calidad (ODS 4), alineándose con los ODS.

6. Las colaboraciones y alianzas estratégicas entre empresas, gobiernos y ONG devienen cruciales para el ODS 17 (alianzas para lograr los objetivos). Las empresas pueden asociarse con otras entidades para potenciar su impacto social y ambiental, a través de proyectos compartidos y sinergias.

7. La medición y reporte de impacto, incorporando métricas de sostenibilidad en el modelo de negocio, permite medir el impacto en los ODS y ajustar estrategias para maximizar los resultados positivos. Esto incluye la elaboración de informes de sostenibilidad y la evaluación del balance social.

En conclusión, la alineación de los ODS con los modelos de negocio va a mejorar la imagen y reputación de las empresas, pero, además, va a crear nuevas oportunidades de mercado, contribuyendo al bienestar global.

EJERCICIO 3

En una empresa dedicada a la producción de envases biodegradables para la industria alimentaria, su propuesta de valor se centra en reducir el impacto ambiental, asociado a los plásticos de un solo uso. Determine algunos de los ODS que pueden alinearse con esta propuesta.

5.3 FORMAS JURÍDICAS Y ASOCIATIVAS QUE PUEDEN APLICARSE AL PROYECTO EMPRENDEDOR

En un proyecto emprendedor, las formas jurídicas y asociativas que pueden aplicarse dependen de varios factores, como el tipo de actividad, el número de socios, el capital inicial y los objetivos del negocio. En la elección de la forma jurídica, también influye la burocracia en la

constitución y puesta en marcha de la empresa, aunque no debe ser una traba en la elección, puesto que cabe la posibilidad de contratar dichos servicios a una gestoría, mas sí que supone un coste económico adicional.

En cuanto al número de socios, dependerá de la forma jurídica elegida, puesto que está condicionada según la ley a un número mínimo y otro máximo. Y otro factor que influye es el relativo al nivel de inversión, ya que determinados tipos de sociedades requieren de un capital mínimo (capital social) para constituirse.

GLOSARIO

Un **socio** es una persona física o jurídica que se une a otras para constituir una entidad con un fin común, generalmente de carácter económico, profesional o social. En el contexto empresarial, un socio aporta capital, trabajo, conocimientos o recursos y, a cambio, recibe una participación en los beneficios y en la toma de decisiones de la entidad, según lo establecido en los estatutos de la empresa o sociedad.

El **capital social** lo conforma el conjunto de recursos económicos que los socios o accionistas aportan a una empresa en el momento de su constitución o en ampliaciones de capital posteriores. Este capital se utiliza para financiar las actividades de la empresa y representa una garantía para los acreedores, ya que actúa como respaldo financiero de la entidad.

PARA SABER MÁS

Para estar actualizado sobre las diferentes formas jurídicas visita la página siguiente:

https://plataformapyme.es/es-es/creacion/formas-juridicas/Paginas/default.aspx

Figura 5.3 Esquema de diferentes tipos de forma jurídica atendiendo al número de socios y al capital social mínimo exigible.

FORMA JURÍDICA	NÚMERO DE SOCIOS	CAPITAL SOCIAL MÍNIMO
Empresario individual	1 (persona física)	No se requiere capital social
SOCIEDADES DE CAPITAL		
Son aquellas entidades mercantiles cuyo principal elemento constitutivo es el capital aportado por los socios. La responsabilidad de los socios se encuentra limitada al capital que hayan aportado, lo que protege su patrimonio personal.		

Figura 5.3 (Continuación).

FORMA JURÍDICA	NÚMERO DE SOCIOS	CAPITAL SOCIAL MÍNIMO
Sociedad limitada (SL)	Número mínimo de socios: 1 (puede ser unipersonal o tener varios socios) Número máximo de socios: no hay límite	3000 euros (a efectos de responsabilidad, frente a acreedores) Con la Ley 18/22, del 28 de septiembre, de Creación y Crecimiento de Empresas, cabe la constitución de una SL con un capital de un euro, aunque estableciendo las siguientes reglas: que deberá destinarse a la reserva legal una cifra al menos igual al 20 % del beneficio, hasta que dicha reserva, junto con el capital social, alcance el importe de 3000 euros y, en caso de liquidación voluntaria o forzosa, si el patrimonio de la sociedad fuera insuficiente, los socios responderán solidariamente con respecto a la diferencia entre el importe de 3000 euros y la cifra del capital suscrito Puede ser en metálico o en bienes, pero debe estar completamente desembolsado en el momento de la constitución
Sociedad anónima (SA)		60 000 euros Al menos, el 25 % del capital debe estar desembolsado al constituirse la sociedad
SOCIEDADES DE ECONOMÍA SOCIAL		
Son organizaciones que priorizan los valores sociales, la cooperación y el impacto positivo en la comunidad, por encima de la mera obtención de beneficios económicos		
Sociedad limitada laboral (SLL)	Número mínimo de socios: tres (al menos, la mayoría deben ser trabajadores de la empresa) Número máximo de socios: no hay límite	Igual que la SL
Sociedad anónima laboral (SAL)		Igual que la SA

Figura 5.3 (Continuación).

FORMA JURÍDICA	NÚMERO DE SOCIOS	CAPITAL SOCIAL MÍNIMO
Sociedad cooperativa	Número mínimo de socios: tres socios aunque, en algunos casos específicos (como cooperativas de trabajo asociado en algunas comunidades autónomas), el mínimo puede variar Número máximo de socios: no hay límite	Varía según la comunidad autónoma y el tipo de cooperativa (de primera o segundo grado) En general, no suele ser una cantidad elevada y se determina en los estatutos de la cooperativa
SOCIEDADES CIVILES		
Son entidades de base asociativa que pueden tener objeto de naturaleza mercantil o civil		
Sociedad civil	Número mínimo de socios: dos Número máximo de socios: no hay límite	No hay capital mínimo establecido, pero los socios deben hacer aportaciones (en dinero, bienes o trabajo), acordadas en el contrato

Uno de los factores más importantes es la responsabilidad patrimonial de los promotores, ya que esta dependerá de cómo se responderá ante las deudas de la actividad empresarial. Hay dos tipos de responsabilidad: la ilimitada y la limitada. En la ilimitada se responde, además de con los bienes, derechos y capital de la empresa, con todos los bienes presentes y futuros de los socios. Sería el caso del empresario individual y de la sociedad civil. En la limitada, solo se responde con lo aportado en la empresa, nunca con los bienes personales de los promotores. Sería el caso del resto de las sociedades vistas en la tabla anterior.

CURIOSIDADES

Según quién está obligado a responder de la deuda, la responsabilidad se clasifica en:

Solidaria: se puede exigir la totalidad de la deuda a cualquiera de los socios.

Subsidiaria: cuando una persona asume la deuda, en lugar del obligado principal.

Mancomunada: cada socio responde de la deuda en proporción a lo aportado.

Otro de los factores sería el ***régimen de tributación,*** ya que existen formas jurídicas sujetas al impuesto sobre la renta de las personas físicas (IRPF) en sus diferentes modalidades, ya sea en estimación directa o estimación objetiva, y otras sometidas al impuesto sobre sociedades (IS).

En cuanto al ***IRPF,*** en el apartado sobre rendimientos de actividades económicas, el empresario individual incluirá los beneficios. Para calcular dicho beneficio neto de la facturación anual, los empresarios pueden acogerse a distintos regímenes de tributación del IRPF. Estos regímenes exigen la realización de pagos fraccionados trimestrales a la Agencia Tributaria; es decir, entregar unas cantidades a cuenta de lo que les corresponderá pagar cuando se liquide el impuesto, entre el 1 de mayo y el 30 de junio del siguiente año. El tipo impositivo variará en función del rendimiento del negocio, de forma que se incrementa cuanto más se gana.

── PARA SABER MÁS ──

En relación con los distintos regímenes de tributación del IRPF para empresarios individuales y profesionales, en la página web de la Agencia Tributaria encontrará toda la información actualizada.

Véase el siguiente enlace:

https://sede.agenciatributaria.gob.es/Sede/irpf/empresarios-individuales-profesionales/regimenes-determinar-rendimiento-actividad.html

En cuanto al ***Impuesto sobre Sociedades (IS),*** se trata de un impuesto con el que se gravan las rentas de las sociedades y entidades jurídicas. El objeto de este tributo son los beneficios obtenidos por la empresa. El tipo impositivo será diferente en cada caso, pero el tipo general en el IS es un 25 % de las rentas en concepto de impuestos aunque, a partir del 1 de enero de 2023, se introdujo **un tipo de gravamen reducido del 23 %** para las entidades cuyo importe neto de la cifra de negocios del periodo impositivo inmediato anterior fuese inferior a un millón de euros. Se debe liquidar cada 12 meses. Se pueden realizar pagos a cuenta en los primeros 20 días de abril, octubre y diciembre. La liquidación del impuesto se realizará entre el 1 y el 25 de julio de cada año.

── GLOSARIO ──

El **tipo impositivo de un impuesto** es el porcentaje o la tarifa que se aplica sobre la base imponible de un tributo para calcular el importe que el contribuyente debe pagar. En otras palabras, constituye la tasa con la que se define cuánto se pagará de impuestos en función de la cantidad gravada (como ingresos, patrimonio, ventas, etc.).

── PARA SABER MÁS ──

En relación con el IS, dada su complejidad y para tener una visión más concreta y actualizada, visite la página de la Agencia Tributaria:

https://sede.agenciatributaria.gob.es/Sede/impuesto-sobre-sociedades.html

Figura 5.4 Esquema simplificado de los pasos para calcular el IS.

PASOS	DESCRIPCIÓN
1.º Se determina la base imponible (véase el resultado de cuenta de pérdidas y ganancias)	Parte del beneficio contable antes de impuestos, que incluye ingresos menos gastos
	Realización de ajustes fiscales (ingresos no computables y gastos no deducibles), según la normativa fiscal
2.º Aplicación de deducciones fiscales, si las hubiera	Como, por ejemplo, incentivos por I + D + i o deducción por creación de empleo, entre otras
	Resta de las deducciones fiscales aplicables al resultado anterior
3.º Cálculo de la cuota íntegra	Multiplicación de la base imponible, ajustada por el tipo impositivo
4.º Resta de bonificaciones y deducciones a la cuota íntegra	Aplicación de cualquier bonificación o deducción adicional que sea aplicable

Figura 5.4 (Continuación).

PASOS	DESCRIPCIÓN
5.º Obtención de la cuota líquida	La cantidad resultante después de aplicar deducciones y bonificaciones es la cuota líquida, que será el **IS a pagar**
6.º Obtención de cuota diferencial	La cantidad resultante, después de restar a la cuota líquida los pagos fraccionados realizados (pagos anticipados durante el ejercicio fiscal) Esta cuota puede salir a pagar o a devolver

---- EJEMPLO 4 ----

Una empresa tiene un beneficio de 100 000 euros y un ajuste de determinados gastos no deducibles de 10 000. Su tipo impositivo para el IS es el 25 %. Calcule su cuota líquida.

Solución:

Calculamos la base imponible, restando al beneficio los gastos no deducibles, a saber, 100 000 – 10 000 = 90 000 euros y, sobre esta, aplicamos el tipo del 25 %, es decir, el 25 % de 90 000 = 22 500 euros, que será la cuota líquida, la cuantía del IS a pagar.

---- EJERCICIO 4 ----

Ante los siguientes escenarios que se plantean, determine qué forma jurídica sería la más adecuada atendiendo al capital social y al número de socios.

Escenario 1:

- **Número de socios**: 1

- **Capital social disponible**: 10 000 euros

- **Objetivo**: empresa de venta *online* de productos artesanales

Escenario 2:

- **Número de socios**: 5

- **Capital social disponible**: 70 000 euros

- **Objetivo**: empresa de construcción y reformas

Escenario 3:

- **Número de socios**: 3

- **Capital social disponible**: 15 000 euros

- **Objetivo**: cooperativa agrícola que distribuye productos orgánicos

También las formas jurídicas se ven expuestas a otros impuestos:

- ***El impuesto sobre actividades económicas.*** Este impuesto grava, de forma directa, la realización de una actividad económica por parte de personas jurídicas. Tiene una doble función: de recaudación, para las grandes empresas, y de censo, para empresarios y profesionales.

---- PARA SABER MÁS ----

En relación con este impuesto, visite la página de la Agencia Tributaria:

https://sede.agenciatributaria.gob.es/Sede/declaraciones-informativas-otros-impuestos-tasas/impuesto-sobre-actividades-economicas.html

- ***El IVA.*** Este impuesto grava el consumo y recae sobre el consumidor final. Cuando una empresa compra una mercadería, debe pagar el IVA que le cargue su proveedor; a este IVA se lo conoce como «IVA soportado». Cuando la empresa vende sus productos, carga a sus clientes el IVA correspondiente, que es el «IVA repercutido». El IVA que la empresa ha soportado lo descuenta del repercutido a sus clientes. Si la cantidad resulta positiva, debe ingresarla en la Agencia Tributaria y, si la cantidad es negativa, la Agencia Tributaria se la devolverá.

En cuanto a los tipos de IVA, el general es del 21 %; el reducido, del 10 %; y el superreducido, del 4 %.

---- PARA SABER MÁS ----

En relación con los tipos de IVA, visite:

https://sede.agenciatributaria.gob.es/static_files/Sede/Tema/IVA/IVA_reperc/Tipos_IVA_2024.pdf

Además, tienen unas obligaciones formales, como darse de alta en el censo de etiquetas y opciones del IVA, realizar la declaración previa del IVA, exigir y entregar las

facturas y conservar las copias durante cinco años y llevar los libros de registro de facturas emitidas y recibidas.

PARA SABER MÁS

En relación con el IVA, visite la página:

https://sede.agenciatributaria.gob.es/Sede/iva.html

- ***Pago de tributos municipales:*** se han de obtener las licencias necesarias para la actividad, como la licencia de apertura o actividad.

5.4 LA VIABILIDAD DEL PROYECTO EMPRENDEDOR: EL PLAN FINANCIERO

Dentro del proyecto emprendedor, se debe estudiar la viabilidad económico-financiera del modelo de negocio. Se analiza si las entradas de dinero que va a generar la empresa con su productividad son suficientes para hacer frente a las inversiones iniciales (salidas de dinero). También hace referencia a si la idea de negocio es rentable; es decir, partiendo de la previsión de beneficios, de las pérdidas y del patrimonio.

Por lo tanto, el plan financiero es un documento clave dentro de un plan de negocio, cuyo objetivo radica en evaluar la viabilidad económica de una idea o proyecto empresarial. Este plan permite estimar los recursos financieros necesarios, así como los ingresos y gastos esperados, lo que ayuda a prever la rentabilidad del negocio.

Figura 5.5 Esquema de los elementos principales del plan financiero.

ELEMENTO	DEFINICIÓN
Inversión inicial	Cantidad de capital necesario para poner en marcha el negocio, incluyendo costes de maquinaria, tecnología, alquiler, etc.
Proyección de ingresos	Estimación de las ventas y los ingresos esperados en un periodo determinado (mensual, trimestral o anual)

Figura 5.5 (Continuación).

ELEMENTO	DEFINICIÓN
Costes fijos y variables	Identificación de los costes fijos (alquiler, sueldos, seguros, etc.) y los costes variables (materia prima, comisiones, gastos por ventas, etc.)
Punto de equilibrio o umbral de rentabilidad	Nivel de ventas necesario para cubrir todos los costes, sin generar pérdidas ni ganancias
Flujo de caja	Proyección de la entrada y salida de dinero en el negocio, para asegurar que siempre haya liquidez disponible
Financiación	Fuentes de financiación disponibles para el negocio, como préstamos bancarios, inversiones de capital o fondos propios
Ratios financieras	Indicadores clave como el margen de beneficios, la rentabilidad sobre la inversión (ROI) y el retorno sobre el capital

CURIOSIDADES

Las ratios financieras son indicadores que ayudan a analizar la situación económica y financiera de una empresa a través de la relación entre sus distintas partidas contables (sobre las partidas contables, véanse epígrafe 4.3, «Balance», y 4.2, «Cuenta de resultados para el beneficio»). Estas son las categorías principales y algunos ejemplos de cada una:

1. Ratios de liquidez: sirven para evaluar la capacidad de la empresa para cumplir con sus obligaciones a corto plazo.

   Ratio de liquidez corriente: activo corriente / pasivo corriente.

   Ratio de liquidez rápida (prueba ácida): (activo corriente – existencias) / pasivo corriente.

2. Ratios de endeudamiento: sirven para medir el nivel de deuda de la empresa, en comparación con sus fondos propios.

   Ratio de endeudamiento total: pasivo total / patrimonio neto.

   Ratio de cobertura de intereses: beneficio antes de intereses e impuestos (EBIT) / intereses.

3. Ratios de rentabilidad: determinan el rendimiento de la empresa en relación con sus ventas, activos o capital.

   Rentabilidad sobre el patrimonio neto (ROE): beneficio neto / patrimonio neto.

   Rentabilidad sobre activos (ROA): beneficio neto / activo total.

   Margen de beneficio neto: beneficio neto / ventas.

CURIOSIDADES (continuación)

4. Ratios de eficiencia o actividad: sirven para medir la eficiencia de la empresa en el uso de sus activos.

Rotación de activos: ventas / activo total.

Rotación de inventario: coste de ventas / existencias promedio.

Cada ratio proporciona información específica y es común utilizarlos en conjunto para obtener una visión global del desempeño financiero y la estabilidad de la empresa.

Por lo tanto, dentro del plan financiero, encontramos tres partes: el plan de tesorería, la cuenta de resultados y el balance final previsible.

5.4.1 El plan de tesorería

Se trata de una herramienta financiera que permite gestionar los flujos de caja de una empresa en un periodo de tiempo determinado, asegurando que esta pueda cumplir con sus obligaciones financieras. Este plan es fundamental para prever las necesidades de liquidez y asegurar que la empresa pueda hacer frente a sus pagos, lo que evita situaciones de insolvencia.

GLOSARIO

La **insolvencia** es la incapacidad de una persona o empresa para cumplir con sus obligaciones de pago en el momento en que estas vencen. Se refiere a una situación financiera en la que los pasivos o deudas superan a los activos disponibles o el efectivo necesario para pagar dichas deudas.

Sus principales elementos son:

1. **Ingresos de tesorería:** lo conforman todas las entradas de dinero que se espera recibir, como ventas, cobros pendientes, ingresos por financiación (préstamos o aportaciones de socios) y subvenciones.

2. **Pagos de tesorería:** se corresponden con los desembolsos previstos, como pagos a proveedores, salarios, impuestos, gastos de alquiler y devoluciones de préstamos.

3. **Saldo inicial de caja:** es el dinero disponible al inicio del periodo, que sirve como punto de partida.

4. **Saldo final de caja:** se calcula sumando los ingresos y restando los pagos al saldo inicial, lo que refleja la liquidez que tendrá la empresa al final del periodo.

EJEMPLO 5

Una pequeña empresa de venta de artículos deportivos quiere elaborar su plan de tesorería mensual para los próximos tres meses. Estos son los datos disponibles:

Saldo inicial en caja: 5000 euros

Ingresos previstos: mes 1: 8000 euros; mes 2: 10 000 euros; mes 3: 12 000 euros

Pagos previstos: mes 1: 6500 euros; mes 2: 9000 euros; mes 3: 10 500 euros

Con estos datos, realice el plan de tesorería mensual y calcule el saldo final de caja para cada mes.

Solución:

Para elaborar el plan de tesorería, seguimos los pasos indicados:

1. Saldo inicial (inicio del mes 1): 5000 euros

2. Sumamos los ingresos previstos y restamos los pagos previstos de cada mes, para obtener el saldo final de caja.

3. Cálculos por mes:

Mes 1: saldo inicial: 5000 euros; ingresos: 8000 euros; pagos: 6500 euros

Saldo final: 5000 euros + 8000 euros – (6500 euros) = 6500 euros

Mes 2: saldo inicial: 6500 euros; ingresos: 10 000 euros; pagos: 9000 euros

Saldo final: 6500 euros + 10 000 euros – (9000 euros) = 7500 euros

Mes 3: saldo inicial: 7500 euros; ingresos: 12 000 euros; pagos: 10 500 euros

Saldo final: 7500 euros + 12 000 euros – (10 500 euros) = 9000 euros

Mes	Saldo inicial	Ingresos	Pagos	Saldo final
1	5000	8000	6500	6500
2	6500	10 000	9000	7500
3	7500	12 000	10 500	9000

Al final de los tres meses, la empresa tendrá un saldo positivo en caja de 9000 euros, lo que indica que la empresa tiene suficiente liquidez para cubrir sus pagos y mantener un margen de efectivo disponible.

EJERCICIO 5

Una empresa dedicada a la comercialización de productos de limpieza desea elaborar su plan de tesorería para los próximos tres meses. Los datos que tienen son los siguientes:

Saldo inicial en caja: 2000 euros

Ingresos previstos: mes 1: 6000 euros; mes 2: 7000 euros; mes 3: 8000 euros

Pagos previstos: mes 1: 4500 euros; mes 2: 5000 euros; mes 3: 6500 euros

Realice el plan de tesorería mensual y calcule el saldo final de caja para cada mes.

5.4.2 La cuenta de resultados

La **cuenta de resultados** es un estado financiero clave para cualquier empresa, ya que muestra el rendimiento económico en un periodo específico. Esta cuenta permite evaluar si la empresa está generando beneficios o pérdidas, mediante la comparación de los **ingresos** y **gastos** en el ejercicio económico.

La estructura de la cuenta de resultados en empresas suele ser similar a la siguiente:

1. Ingresos o ventas: refleja el total de las ventas o ingresos generados por la actividad principal de la empresa.

2. Coste de las ventas: incluye los costes directamente asociados con la producción o prestación del servicio.

3. Resultado bruto: constituye la diferencia entre los ingresos y el coste de ventas.

4. Gastos de operación:

   ○ Gastos de administración: costes de las actividades de gestión y soporte de la empresa.

   ○ Gastos de comercialización o ventas: incluyen publicidad o salarios del equipo de ventas, entre otros.

5. Resultado operativo o resultado de la explotación: ganancias antes de intereses e impuestos, calculadas restando los gastos operativos del resultado bruto.

6. Ingresos y gastos financieros: incluyen ingresos por inversiones y gastos financieros, como intereses de deudas.

7. Resultado antes de impuestos.

8. Impuestos sobre las ganancias: monto que la empresa paga en impuestos sobre los beneficios.

9. Resultado neto o beneficio neto: ganancia o pérdida después de impuestos, el beneficio final atribuible a los accionistas.

EJEMPLO 6

Imagine que una empresa en un trimestre ha tenido:

Ingresos de explotación: 50 000 euros; gastos de explotación: 30 000 euros; ingresos financieros: 2000 euros; gastos financieros: 1000 euros, impuestos: 5000 euros.

Solución:

La cuenta de resultados sería:

1. Resultado de explotación: 50 000 – 30 000 = 20 000 euros

2. Resultado antes de impuestos: 20 000 + 2000 – (1000) = 21 000 euros

3. Resultado neto: 21 000 – 5000 = 16 000 euros

La empresa, por lo tanto, tendría un beneficio neto de 16 000 euros en ese trimestre.

EJERCICIO 6

Una empresa, en su cuenta de resultados, exhibe un saldo positivo en su resultado de explotación, pero su beneficio neto resulta negativo; es decir, sufre pérdidas. Analice a qué se debe dicha situación y explique los motivos.

5.4.3 El balance

El balance es un informe financiero clave, donde se muestra la situación económica y financiera de una empresa en un momento determinado. Se estructura en tres secciones principales:

1. **Activo:** refleja los bienes y derechos de la empresa; es decir, lo que posee y que le generará beneficios en el futuro. El activo se divide en:

   ○ **Activo no corriente:** bienes y derechos a largo plazo, como terrenos, edificios, maquinaria y derechos intangibles. Es lo que se denomina «inmovilizado», que es el conjunto de activos que una empresa posee para su uso y explotación a largo plazo, con el objetivo de apoyar las actividades productivas y operativas. No se espera que se conviertan en efectivo a corto plazo, ya que su función principal es proporcionar valor continuo a la organización. Se clasifica en varios tipos:

      1. *Inmovilizado material:* incluye activos físicos y tangibles que se utilizan en el negocio, como terrenos, edificios, maquinaria, mobiliario y equipos informáticos. Estos activos suelen sufrir depreciación con el tiempo, debido al uso y al desgaste.

      2. *Inmovilizado intangible:* representa los activos no físicos que aportan valor, como patentes, marcas, derechos de autor, licencias y *software*.

Estos activos suelen amortizarse a lo largo de su vida útil.

3. ***Inmovilizado financiero:*** son las inversiones a largo plazo en acciones, bonos u otras entidades en las que la empresa ha decidido invertir, ya sea en otras empresas o en proyectos financieros que generan ingresos a largo plazo.

También se incluye dentro del activo no corriente, en relación con el inmovilizado intangible y el material, las amortizaciones, pero con signo negativo, ya que el balance nos muestra el valor real de dichos activos y, por lo tanto, lo que aparece en el balance es su depreciación.

GLOSARIO

La **amortización** es el proceso de distribuir el coste de un activo fijo o intangible a lo largo de su vida útil, lo que refleja su desgaste, obsolescencia o disminución en valor con el tiempo. Representa una medida de cómo se consume el valor de un activo a lo largo de los años, lo que permite a la empresa contabilizar esa pérdida de valor anualmente en sus resultados.

CURIOSIDADES

En el balance general, la amortización se refleja de la siguiente manera:

1. **Activo neto:** los activos sujetos a amortización (como el inmovilizado material o intangible) aparecen en el balance conforme a su valor neto; es decir, su valor de adquisición menos la amortización acumulada.

2. **Amortización acumulada:** la amortización acumulada se registra como una cuenta correctora que disminuye el valor del activo en el balance; por ejemplo, si un edificio se compra por 1 millón de euros y su amortización acumulada es de 200 000 euros, el valor neto del edificio en el balance será de 800 000 euros.

En la cuenta de resultados, la amortización se incluye como un gasto (amortización del inmovilizado) para reflejar el coste del uso del activo en ese ejercicio, lo cual reduce el beneficio antes de los impuestos, pero no representa una salida de efectivo.

○ **Activo corriente:** bienes y derechos que se espera que se conviertan en efectivo o se consuman en el plazo de un año, como el inventario, las cuentas por cobrar y el efectivo.

PARA SABER MÁS

En la página de la Agencia Tributaria puede encontrar información de cómo calcular una amortización:

https://sede.agenciatributaria.gob.es/Sede/impuesto-so-bre-sociedades/que-base-imponible-se-determina-socie-dades/amortizaciones.html?faqId=cfa07bdfc4d24810VgnV CM100000dc381e0aRCRD

2. **Pasivo:** representa las obligaciones y deudas de la empresa. También se divide en:

○ **Pasivo no corriente:** deudas a largo plazo, como préstamos bancarios a más de un año y obligaciones financieras.

○ **Pasivo corriente:** deudas a corto plazo, que deben pagarse dentro del año, como cuentas por pagar y préstamos a corto plazo.

3. **Patrimonio neto:** refleja los recursos propios de la empresa; es decir, los aportes de los socios o propietarios más las utilidades acumuladas. Este se obtiene restando el pasivo del activo, lo que refleja el valor contable de la empresa.

La **fórmula del balance** es siempre:

$$Activo = pasivo + patrimonio\ neto$$

Esta ecuación garantiza que todos los recursos de la empresa estén financiados por fondos propios o por deudas. El balance permite evaluar la liquidez, la solvencia y la estructura de financiación del negocio.

Figura 5.6 Tabla de la estructura del balance.

ACTIVO	PASIVO
	Patrimonio neto: Capital social: el aportado por los socios Reservas: legales, voluntarias, estatutarias, etc. Resultados de ejercicios anteriores: beneficios no distribuidos de años anteriores
Activo no corriente: Inmovilizado material: terrenos, edificios, maquinaria, etc. Inmovilizado intangible: patentes, marcas, *software*, etc. Inversiones financieras a largo plazo: acciones en otras empresas o préstamos a largo plazo	**Pasivo no corriente:** Deudas a largo plazo: préstamos a más de un año o bonos emitidos
Activo corriente: Existencias: materias primas, productos en proceso o productos terminados Realizable: cuentas por cobrar, deudores o efectos para cobrar Disponible: caja, bancos o equivalentes de efectivo	**Pasivo corriente:** Proveedores: facturas pendientes con proveedores Deudas a corto plazo: préstamos bancarios a corto plazo o descubiertos Acreedores diversos: impuestos, dividendos a pagar y otras obligaciones
TOTAL	**TOTAL**

El **fondo de maniobra,** también conocido como «capital de trabajo», es la diferencia entre el activo corriente y el pasivo corriente de una empresa. Este indicador financiero muestra la cantidad de recursos a corto plazo que la empresa tiene disponibles para operar y cubrir sus obligaciones inmediatas.

Fórmula:

fondo de maniobra = activo corriente – pasivo corriente

El análisis del balance y del fondo de maniobra permiten identificar la situación financiera de una empresa en términos de liquidez y capacidad para afrontar sus obligaciones a corto plazo. Las situaciones financieras más comunes derivadas de este análisis son:

1. *Situación de equilibrio financiero:* cuando el fondo de maniobra es positivo, el activo corriente supera al pasivo corriente, lo que significa que la empresa puede cubrir sus deudas a corto plazo con sus activos corrientes. Esto sugiere una posición financiera estable y equilibrada, adecuada para enfrentarse a imprevistos.

2. *Situación de solvencia o solidez:* una empresa con un fondo de maniobra elevado y activos no corrientes importantes se considera financieramente sólida, con recursos suficientes para mantenerse operativa y, en caso de necesidad, vender activos no corrientes para obtener liquidez.

3. *Situación de tensiones financieras:* si el fondo de maniobra es bajo o cercano a cero, la empresa podría experimentar dificultades para cubrir sus deudas a corto plazo, especialmente en momentos de menor ingreso. Esto puede ser una señal de advertencia, que exige control estricto de tesorería.

4. *Situación de insolvencia:* cuando el fondo de maniobra aparece negativo, el pasivo corriente supera al activo corriente, lo que significa que la empresa podría no contar con la suficiente liquidez como para cubrir sus deudas a corto plazo. Esta situación es crítica, ya que puede llevar a dificultades en pagos, pérdida de crédito o incluso quiebra.

5. *Situación de sobreendeudamiento:* al analizar el balance, si el pasivo total (especialmente el no corriente) es alto, en comparación con el patrimonio neto, la empresa podría estar en una situación de sobreendeudamiento. Esto implica altos compromisos de pago de intereses y una estructura de capital arriesgada.

Estos indicadores financieros devienen clave para tomar decisiones estratégicas sobre inversión, financiación o ajustes operativos y mejorar así la situación financiera general de la empresa.

EJERCICIO 7

La empresa ElectroSoluciones, S. A. se dedica a la venta de componentes eléctricos y tiene los siguientes datos en su balance:

Capital social: 65 000 euros

Maquinaria y equipos: 50 000 euros

Préstamos a corto plazo: 8000 euros

Proveedores: 12 000 euros

Préstamos a largo plazo: 40 000 euros

Deudas por cobrar de clientes: 15 000 euros

Edificio: 30 000 euros

Efectivo: 10 000 euros

Existencias: 20 000 euros

Elabore el balance de la empresa y calcule el fondo de maniobra e interprételo.

5.4.4 El punto muerto o umbral de rentabilidad. Análisis de ingresos y gastos

Al hablar de viabilidad del modelo de negocio, se refiere a la capacidad de una empresa para generar ingresos suficientes para cubrir sus gastos operativos y generar ganancias sostenibles a largo plazo. Este análisis incluye la evaluación de los ingresos y gastos del negocio.

Los *ingresos* representan el dinero que la empresa genera a partir de la venta de productos o servicios. Al evaluar la viabilidad del modelo de negocio, cabe considerar:

- En primer lugar, la **fuente de ingresos;** es decir, cómo rentabiliza la empresa su oferta. Aquí se incluyen las ventas directas, las suscripciones, las licencias, la publicidad o los servicios adicionales.

- En segundo lugar, **el precio de los productos o servicios,** es decir, si los precios están ajustados con lo que los clientes se encuentran dispuestos a pagar.

- En tercer lugar, **el volumen de ventas,** que se refiere a cuántas unidades o servicios necesita vender la empresa para generar los ingresos necesarios.

- Por último, **la diversificación de ingresos;** es decir, disponer de múltiples fuentes de ingresos puede mejorar la estabilidad y reducir el riesgo.

Los *gastos* son los costes asociados con la operación del negocio. Estos pueden ser fijos o variables. La suma de los costes fijos más los costes variables serán los costes totales. Los **gastos fijos** serán aquellos que no cambian con el volumen de ventas, como el alquiler, los sueldos fijos y los servicios públicos. Los **gastos variables** serán los que fluctúan con el volumen de ventas, como el coste de materiales, comisiones y distribución. También hay que considerar el **coste de adquisición de clientes (CAC);** es decir, cuánto cuesta atraer y convertir a un cliente. Se calcula sumando todas las inversiones hechas para adquirir nuevos clientes y, después, se divide el resultado entre el número de clientes ganados en el mismo periodo. En la suma de inversiones se deben incluir el salario del equipo, las comisiones de ventas, las herramientas *software,* la inversión en *marketing,* los eventos realizados y la capacitación y formación de los empleados.

GLOSARIO

Las **comisiones de ventas** son el importe que se cobra por realizar transacciones comerciales y se trata de un porcentaje sobre el importe total de la operación. Tiene por objetivo incentivar el esfuerzo de los representantes comerciales, para que vendan más y recibir un pago adicional al salario.

También se engloban los **gastos en *marketing* y publicidad,** ya que igual es necesario una inversión significativa en publicidad para captar clientes. Y, por último, se encuentran los **gastos operativos,** relacionados con la operación diaria, como la tecnología, los suministros y el mantenimiento.

Por ello, para determinar la viabilidad, el negocio debe abordar un *análisis comparativo entre ingresos y gastos:*

1.° El punto de equilibrio o umbral de rentabilidad: es el nivel en el que los ingresos cubren los gastos o costes totales (costes fijos + costes variables), sin generar pérdidas ni ganancias. Calcular este punto ayuda a entender cuántas ventas necesita el negocio para ser viable. A partir de ese punto, cualquier venta adicional genera beneficios.

Fórmula:

> ***Punto muerto (unidades) = costes fijos / (precio de venta unitario – coste variable unitario)***

Siendo los costes fijos los que no cambian con la producción (alquiler o sueldos), el precio de venta unitario —el precio al que se vende cada unidad de producto— y el coste variable unitario —el que varía según el número de unidades producidas (materias primas o mano de obra directa).

EJEMPLO 7

Suponga que una empresa cuenta con los siguientes datos: costes fijos, 10 000 euros; precio de venta unitario, 50 euros; y coste variable unitario, 30 euros. Calcule el punto muerto o umbral de rentabilidad.

Solución:

Se aplica la fórmula:

Punto muerto = 10 000 / (50 – 30) = 500 unidades. Esto significa que la empresa debe vender 500 unidades para cubrir sus costes totales. A partir de ahí, comenzará a generar beneficios.

También se puede calcular el punto muerto en términos de ingresos totales:

Fórmula:

> ***Punto muerto (ingresos) = costes totales/ 1 – (coste variable unitario / precio de venta unitario)***

EJERCICIO 8

Basándose en los datos del ejemplo anterior (número 5), calcule el punto muerto en términos de ingresos totales.

2.º La proyección del flujo de caja (o cash flow): deviene clave estimar cómo fluctúan los ingresos y gastos a lo largo del tiempo y si el negocio tendrá suficiente efectivo para seguir operando. A tal fin, se miden las entradas y salidas de efectivo en una empresa durante un periodo determinado. Resulta esencial para analizar la liquidez y la capacidad de la empresa para cumplir con sus obligaciones financieras. Un flujo de caja positivo indica que la empresa está generando más efectivo del que gasta, lo que es señal de estabilidad financiera.

Fórmula:

Flujo de caja = ingresos de efectivo – salidas de efectivo

Los ingresos de efectivo serán todos los ingresos por ventas, cobros de cuentas por cobrar, ingresos por inversiones, etc.

Las salidas de efectivo incluyen todos los gastos operativos, pagos de sueldos, pagos a proveedores, impuestos o intereses de deuda, entre otros.

EJEMPLO 8

Suponga que una empresa tiene de ingresos en efectivo 100 000 euros de ventas y cobros, y de salidas de efectivo 70 000 euros, debido a gastos operativos, sueldos, alquiler, etc. Calcule el flujo de caja e interprételo.

Solución:

Flujo de caja = 100 000 – 70 000 = 30 000 euros. El flujo de caja es positivo, lo que significa que la empresa generó 30 000 euros más de lo que gastó.

3.º El margen de ganancia supone la diferencia entre los ingresos y los costes totales. Un margen de ganancia alto indica que el negocio puede generar ingresos sostenibles. Se puede calcular de varias maneras, dependiendo de qué tipo de margen se busca: bruto, operativo o neto.

Fórmulas para calcular el margen de ganancia:

1. Margen de ganancia bruta: indica qué porcentaje de los ingresos es ganancia después de descontar los costes directos de producción (materias primas o mano de obra directa).

Fórmula:

Margen de ganancia bruta = [(ingresos – costes de bienes vendidos) / ingresos] × 100

2. Margen de ganancia operativa: incluye los costes operativos, como salarios y alquileres, pero no los intereses o impuestos.

Fórmula:

Margen de ganancia operativa = [(ingresos – gastos operativos) / ingresos] × 100

3. Margen de ganancia neta: refleja el beneficio final después de descontar todos los costes, incluidos los operativos, intereses, impuestos, etc.

Fórmula:

Margen de ganancia operativa = [(ingresos – todos los costes) / ingresos] × 100

EJERCICIO 9

De una empresa, se determinan los siguientes datos: ingresos: 100 000 euros; costes de bienes vendidos: 60 000 euros; gastos operativos: 20 000 euros; impuestos e interés: 5000 euros. Calcule el margen de ganancia bruta, neta y operativa.

5.5 OPCIONES FINANCIERAS SOCIALMENTE RESPONSABLES

Las opciones financieras socialmente responsables son aquellas con las que, además de buscar rentabilidad económica, se toman en cuenta factores éticos, sociales y medioambientales.

Fondos de inversión socialmente responsables: estos fondos invierten en empresas que cumplen con criterios de sostenibilidad, justicia social y buen gobierno corporativo. Se centran en sectores como energías renovables, tecnologías limpias y empresas que promueven la equidad. Por lo tanto, son instrumentos financieros con los que, además de buscar rentabilidad económica, se consideran los anteriores criterios en cuanto a sus decisiones en inversión. Se suelen excluir industrias perjudiciales (como el tabaco o las armas). La inversión en estos fondos es parte de una tendencia hacia las finanzas sostenibles y apoya el crecimiento de empresas con impacto positivo en temas como cambio climático, inclusión social o igualdad de género. Entre los tipos de fondos socialmente responsables, se encuentran:

1. Fondos de exclusión: se excluyen sectores que no cumplen con criterios éticos.

2. Fondos ESG (ambientales, sociales y de gobernanza o gobierno): se seleccionan empresas con buenas prácticas en estos tres ámbitos.

3. Fondos de impacto: se busca tanto rentabilidad económica como impacto positivo directo y medible en la sociedad o el medio ambiente.

--- CURIOSIDADES ---

Los criterios ESG son clave en el mundo de la inversión socialmente responsable. Se trata de elementos con los que se ofrece una guía global, para evaluar el impacto de una compañía en los siguientes ámbitos:

Medio ambiente (E), ya que se tiene en cuenta cómo es de ecológica la empresa en relación con criterios como la gestión del agua, ahorro energético y cuidado en la calidad del aire o biodiversidad. Se estudia así su nivel de compromiso, con prácticas sostenibles, como la reducción de emisiones de carbono y eficiencia energética.

Social (S), puesto que se evalúa el trato de la empresa a empleados, clientes y comunidad. Se analizan las condiciones laborales, el respeto de los derechos humanos, la diversidad cultural, el respeto por la igualdad o la seguridad de los trabajadores.

Gobierno corporativo (G), porque se inspecciona la estructura de gobierno de una empresa para determinar si la dirección y consejos de administración siguen prácticas éticas y transparentes, en cuanto a remuneración de sus directivos, independencia de su consejo de administración, casos de corrupción, política fiscal o cómo gestionan el riesgo.

Bonos verdes: son instrumentos de deuda emitidos para financiar proyectos con un impacto ambiental positivo, como energías limpias, gestión de residuos o conservación de la biodiversidad. Los emisores de estos bonos son entidades públicas como municipios o Estados, instituciones supranacionales como la Unión Europea y empresas privadas como entidades financieras.

--- GLOSARIO ---

Un **bono** es un instrumento de deuda emitido por una compañía privada o por una Administración pública, con el objetivo de buscar financiación. En este tipo de productos financieros, el emisor garantiza la devolución del principal invertido, además de unos intereses previamente fijados, llamados cupones, que se cobran con una periodicidad determinada también previamente.

Se diferencian de los bonos convencionales en que están estructurados para cumplir con estándares medioambientales y, a menudo, están certificados por terceros, para verificar que efectivamente se alinean con objetivos ecológicos.

Los fondos recaudados a través de estos bonos se suelen invertir en áreas tales como:

- Energía renovable: construcción de parques eólicos, solares y otras fuentes de energía limpia.

- Eficiencia energética: mejora en la infraestructura de edificios, para reducir el consumo energético.

- Gestión sostenible del agua y residuos: proyectos de reciclaje, tratamiento de agua y sistemas de gestión de residuos sostenibles.

- Conservación de recursos naturales y biodiversidad: iniciativas de reforestación, protección de ecosistemas y agricultura sostenible.

Bonos sociales: se utilizan para financiar proyectos sociales, como la inclusión económica, el acceso a servicios básicos o la mejora de la calidad de vida en comunidades vulnerables. Algunos de los usos más comunes de los fondos obtenidos mediante bonos sociales incluyen:

- Vivienda asequible: financiar proyectos de construcción o mejora de viviendas para comunidades de bajos ingresos.

- Acceso a salud y educación: invertir en proyectos que proporcionen acceso a servicios médicos y educativos en áreas desatendidas.

- Desarrollo económico: mostrar apoyo a pequeñas empresas, que generen empleo, y a programas de inclusión financiera.

- Infraestructura básica: dotar de suministro de agua potable, saneamiento y electricidad a zonas rurales o marginadas.

Los bonos sociales suelen estar alineados con los ODS de las Naciones Unidas y requieren un seguimiento y reporte sobre el impacto social alcanzado. Estos bonos permiten a los inversores contribuir a causas sociales, logrando un rendimiento financiero, mientras apoyan objetivos de desarrollo social y mejoran el bienestar de las comunidades.

Inversiones de impacto: son una estrategia de inversión y se enfocan en generar un impacto social o ambiental junto con un retorno financiero. A diferencia de las inversiones tradicionales, donde el objetivo principal es maximizar el rendimiento, las inversiones de impacto integran ambos objetivos y se alinean muchas veces con los ODS. Pueden apoyar proyectos de microfinanzas, desarrollo comunitario o agricultura sostenible. Además, en los fondos de inversión de impacto, se establecen métricas para monitorear los avances en sus objetivos sociales o ambientales, en áreas como la reducción de pobreza, la sostenibilidad ambiental y la equidad en la educación.

--- GLOSARIO ---

Un **retorno financiero** es el beneficio o ganancia económica que un inversor obtiene de una inversión. Este retorno puede manifestarse de diferentes formas, como intereses, dividendos o plusvalías en el valor de la inversión inicial.

Banca ética: son entidades financieras que operan bajo principios éticos, evitando inversiones en sectores que no cumplan con criterios de responsabilidad social o medioambiental, como armamento, tabaco o actividades contaminantes.

Es el caso de, por ejemplo, **Banco Fiare,** que es una cooperativa de banca ética en España que trabaja bajo el paraguas de Banca Popolare Etica (con sede en Italia) y que financia proyectos en los que se promueve la economía social y solidaria.

PARA SABER MÁS

Entre en la página:

https://www.fiarebancaetica.coop/

Plataformas de* crowdfunding *de impacto: son plataformas en línea que permiten a los inversores apoyar directamente proyectos con un impacto social o medioambiental positivo, como plataformas de energía solar en comunidades rurales. Es el caso de, por ejemplo, **ECrowd!,** una plataforma española que permite a las personas financiar proyectos sostenibles a nivel local, especialmente en eficiencia energética y energías renovables.

PARA SABER MÁS

Entre en la página:

https://www.ecrowdinvest.com/

EJEMPLO 9

Laura, una inversora, quiere apoyar un proyecto de impacto social en una plataforma de *crowdfunding*. Cuenta con 5000 euros que planea invertir en una iniciativa que mejore el acceso a agua potable en comunidades rurales. Se estima un retorno financiero del 4 % anual sobre su inversión y se calcula que el proyecto reducirá las enfermedades relacionadas con agua contaminada en un 30 % en la región donde se llevará a cabo. Se pregunta: «¿Cuál será el retorno financiero de Laura después de un año?», «¿qué impacto social directo generará su inversión en la comunidad?» y «¿qué riesgos debe considerar Laura en esta inversión de impacto?».

Solución:

1. Retorno financiero: Laura invierte 5000 euros a un 4 % anual. Fórmula del retorno financiero = inversión inicial × (1 + tasa de retorno).

   Cálculo: 5000 × 0,04 = 200.

   Retorno financiero después de un año: 5000 + 200 = 5200.

2. Impacto social directo: la inversión contribuye a reducir enfermedades relacionadas con el agua contaminada en un 30 %. Este impacto mejora la calidad de vida de la comunidad, disminuye los costes médicos y aumenta la productividad de los habitantes.

3. Riesgos a considerar: el riesgo operativo, ya que el proyecto puede sufrir problemas de implementación en la comunidad; el riesgo financiero, porque el retorno no está garantizado y depende del éxito del proyecto; y el riesgo de impacto, puesto que el impacto esperado puede no alcanzarse en el plazo establecido.

5.6 DEFINICIÓN Y PARTICIPACIÓN DE LOS AGENTES IMPLICADOS EN EL PROYECTO EMPRENDEDOR

Los agentes implicados en un proyecto emprendedor son todas las personas, instituciones y recursos que contribuyen activamente a su desarrollo. Estos agentes se agrupan en varias categorías clave, cada una con funciones específicas:

1. Emprendedor o equipo fundador: este supone el grupo principal que da vida al proyecto, define la visión, toma decisiones estratégicas y lidera las operaciones. Su rol es fundamental, ya que se establecen los objetivos y el rumbo del proyecto.

2. Inversores: estos agentes aportan el capital inicial o continuo necesario para financiar el emprendimiento. Pueden ser individuos (inversores ángel), instituciones financieras o fondos de capital de riesgo, y su participación depende de los resultados y la repercusión del proyecto.

—— GLOSARIO ——

Los **inversores ángel** son individuos que invierten su propio dinero en empresas emergentes o *startups* a cambio de una participación en el negocio. Estos inversores suelen entrar en etapas tempranas de desarrollo de la empresa, asumiendo un alto riesgo a cambio de la posibilidad de obtener un alto retorno si el negocio consigue éxito. Además de la financiación, a menudo aportan su experiencia, contactos y conocimientos del sector para ayudar al crecimiento de la empresa. Por lo general, un inversor ángel puede ser un empresario, un profesional experimentado o una persona con altos ingresos que busca apoyar ideas innovadoras y a emprendedores en sus etapas iniciales.

3. Clientes o público objetivo: son aquellos a quienes se dirige el producto o servicio. Identificar sus necesidades y preferencias deviene clave para que el emprendimiento prospere. Su retroalimentación es vital para ajustes y mejoras.

4. Proveedores y aliados estratégicos: aportan insumos, materiales (incluyen materias primas, componentes, herramientas y cualquier otro recurso físico que intervenga en la creación de un producto o servicio) o servicios esenciales para que el emprendimiento opere. También pueden incluirse socios estratégicos que apoyen en áreas de producción, distribución o tecnología.

5. Mentores y asesores: se trata de profesionales experimentados en diversas áreas (finanzas, *marketing*, temas legales, etc.) que guían a los emprendedores, ayudándolos a tomar decisiones informadas y a enfrentarse a retos comunes del emprendimiento.

6. Gobierno y organismos reguladores: proveen del marco regulatorio y, en algunos casos, de financiación o incentivos para impulsar la creación de nuevas empresas. También establecen leyes y normativas, a las que el proyecto debe ajustarse.

7. Comunidad y entorno social: en proyectos de impacto social o ambiental, la comunidad y otras organizaciones no gubernamentales pueden ser actores importantes que apoyen, financien o beneficien el proyecto.

5.7 TRÁMITES DE CONSTITUCIÓN Y PUESTA EN MARCHA

La constitución de la forma jurídica de la empresa, ya se trate de un empresario individual o de las sociedades mercantiles, implica una serie de trámites que varían según el tipo de entidad.

Figura 5.7 Esquema de trámites en la constitución de un empresario individual.

TRÁMITE	DESCRIPCIÓN
Alta en Hacienda (Agencia Tributaria)	Se realiza a través del modelo 036 o 037, para darse de alta en el censo de empresarios y en el impuesto sobre actividades económicas (IAE)
Alta en la Seguridad Social	Se ha de inscribir también en el Régimen Especial de Trabajadores Autónomos (RETA)
Licencias municipales	Cabe obtener igualmente la licencia de apertura, si es necesario, de acuerdo con el tipo de actividad y el local
Registro de marca y nombre comercial (opcional)	Si se desea registrar una marca o nombre comercial en la Oficina Española de Patentes y Marcas (OEPM)
Prevención de riesgos laborales	Se debe implementar un plan de riesgos, si se tiene previsto contratar empleados

—— PARA SABER MÁS ——

Sobre los modelos 036 o 037, visite la página:

https://sede.agenciatributaria.gob.es/Sede/procedimientoini/G322.shtml

Figura 5.8 Esquema de trámites en la constitución de sociedades mercantiles.

TRÁMITE	DESCRIPCIÓN
Certificación negativa de nombre	Solicitar el certificado de denominación en el Registro Mercantil Central (RMC), para garantizar que el nombre no está registrado
Redacción de los estatutos sociales	Se define el objeto social, el domicilio, el capital, la administración, etc., que regirán la empresa
Aportación de capital social	Se realiza un depósito bancario del capital social mínimo (3000 € para una SL y 60 000 € para una SA)
Firma de escritura pública	Se firma la escritura de constitución ante notario, la cual incluye los estatutos y el certificado de depósito del capital

Figura 5.8 (Continuación).

TRÁMITE	DESCRIPCIÓN
Inscripción en el Registro Mercantil	Se inscribe la sociedad en el Registro Mercantil de la provincia correspondiente
Alta en Hacienda y obtención del NIF	Se solicita el número de identificación fiscal (NIF) y el alta en el IAE, mediante el modelo 036 o 037
Alta en la Seguridad Social	Se inscribe a la sociedad en la Seguridad Social y se afilia a los empleados en el régimen correspondiente
Licencias municipales	Se obtienen las licencias necesarias para la actividad, como la licencia de apertura o de actividad

Cabe la posibilidad de crear la empresa individual o una sociedad mercantil mediante un procedimiento telemático, a raíz de la cumplimentación del **documento único electrónico (DUE)**, por el que se unifican más de veinticinco formularios administrativos y que, a través del sistema Circe, se envían los datos a todas las Administraciones competentes en la creación o cese de una empresa o en el alta y baja en el RETA.

Toda la información para la tramitación la puede encontrar en la página https://administracion.gob.es/pag_Home/Tramites/miEmpresaEnTramites/Iniciativas/CIRCE.html.

EJERCICIO 10

Pedro Soria ha terminado un ciclo formativo de grado medio en Electromecánica de Vehículos y ha pensado en montar su propio taller, por lo que ha constituido una sociedad limitada. Explique y comente los trámites para la adquisición de personalidad jurídica de dicha sociedad.

Reto profesional: expansión y optimización del servicio ofrecido

Se trata de un proyecto emprendedor sobre comida ecológica a domicilio. Este proyecto ha crecido de forma positiva en su primer año. Para llevarlo al siguiente nivel, se necesita idear y ejecutar estrategias de expansión en nuevos mercados y mejorar la eficiencia operativa del servicio.

Objetivos del reto

1. Exploración de nuevas zonas de distribución

2. Optimización de la cadena de suministro

3. Propuesta de fidelización y expansión de la base de clientes

4. Análisis financiero para la expansión

5. Medición de impacto y sostenibilidad

Resultados esperados

Un plan de expansión y optimización detallado, donde se contemplen tanto la viabilidad económica como el impacto social y ambiental del crecimiento del proyecto.

Este reto permite aplicar conocimientos de análisis de mercado, optimización de procesos, gestión de clientes y sostenibilidad y finanzas, fundamentales para llevar adelante el proyecto de comida ecológica a domicilio hasta una nueva fase.

Mapa conceptual

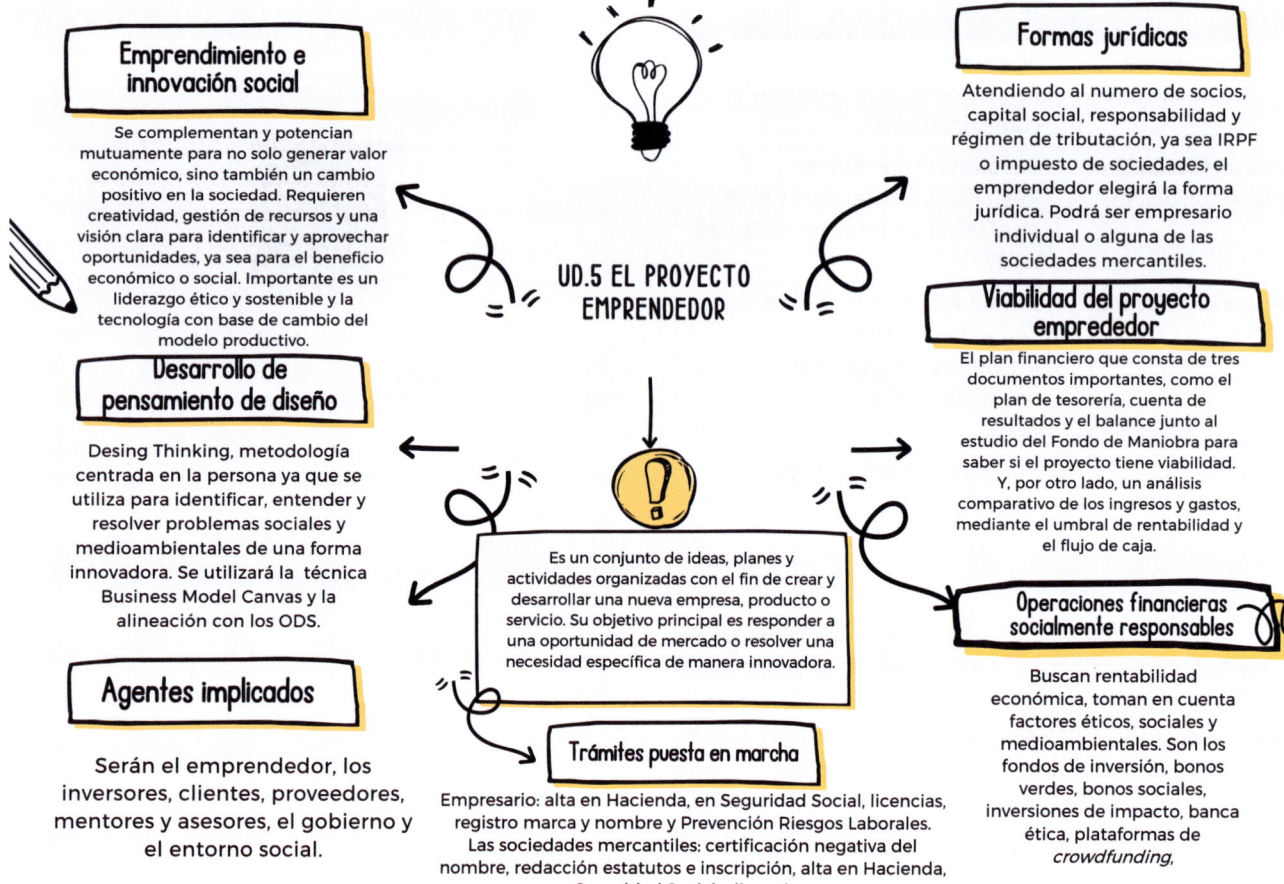

Figura 1.9 Mapa conceptual de la unidad 5, «El proyecto emprendedor».

RESUMEN

■ El emprendimiento es el proceso de identificar, desarrollar y llevar a cabo una idea o proyecto, generalmente para crear un negocio o una organización que posea un impacto económico, social o cultural. La innovación se enfoca en desarrollar soluciones en las que se aborden necesidades sociales de manera efectiva, sostenible y con un impacto positivo.

■ En lo referente al liderazgo ético y sostenible, se trata de buscar no solo el enfoque económico (resultados), sino tener en cuenta principios éticos y el impacto ambiental y social de las decisiones empresariales. Sus principios son la integridad, la responsabilidad, la orientación a largo plazo y el desarrollo del talento. Por lo tanto, las empresas alcanzan una mejor reputación, ya que atraen clientes comprometidos con valores similares, su entorno laboral fomenta la lealtad y el compromiso de los empleados con la empresa reduce la rotación o cambio de personal, además de que las entidades se vuelven también más innovadoras.

■ Para transformar y modernizar el modelo productivo, la tecnología es fundamental, puesto que incrementa la productividad y fomenta la sostenibilidad. Por lo tanto, resulta vital adaptarse a la digitalización, la automatización y el desarrollo de las energías limpias.

■ El *design thinking* es una metodología centrada en la persona, ya que se utiliza para identificar, entender y resolver problemas sociales y medioambientales de una forma innovadora. Para la detección de estas necesidades, se siguen los siguientes pasos: empatizar, definir el problema, idear soluciones, prototipar, probar los prototipos e implementar la solución.

■ Las empresas, para lograr un impacto positivo en la sociedad y el medio ambiente, alinean e integran los objetivos globales de sostenibilidad (ODS) en las estrategias y operaciones empresariales. Esto se debe a que las empresas no solo buscan rentabilidad económica, sino que también se comprometen con el desarrollo sostenible a largo plazo.

■ En un proyecto emprendedor, las formas jurídicas y asociativas que pueden aplicarse dependen de varios factores, como el tipo de actividad, el número de socios, el capital inicial y los objetivos del negocio. En la elección de la forma jurídica, también influye la burocracia en la puesta en práctica.

RESUMEN (Continuación)

- Otro de los factores sería el **régimen de tributación**, ya que hay formas jurídicas sujetas al impuesto sobre la renta de las personas físicas (IRPF) en sus diferentes modalidades, ya sea en estimación directa o estimación objetiva, y otras sometidas al impuesto sobre sociedades (IS).

- En cuanto al IS, se trata de un impuesto que grava las rentas de las sociedades y entidades jurídicas. El objeto de este tributo son los beneficios obtenidos por la empresa. El tipo impositivo será diferente en cada caso, pero el tipo general en el IS es un 25 % de las rentas en concepto de impuestos aunque, a partir del 1 de enero de 2023, se introduce **un tipo de gravamen reducido del 23 %** para las entidades cuyo importe neto de la cifra de negocios del periodo impositivo inmediato anterior sea inferior a un millón de euros.

- Dentro del proyecto emprendedor, se debe estudiar la viabilidad económico-financiera del modelo de negocio. Se analiza si las entradas de dinero que va a generar la empresa con su productividad son suficientes para hacer frente a las inversiones iniciales (salidas de dinero). También hace referencia a si la idea de negocio se muestra rentable, partiendo de la previsión de beneficios, de las pérdidas y del patrimonio. Por lo tanto, el plan financiero conforma un documento clave dentro de un plan de negocio, cuyo objetivo reside en evaluar la viabilidad económica de una idea o proyecto empresarial y, dentro de él, encontramos tres partes: el plan de tesorería, la cuenta de resultados y el balance final previsible.

- El plan de tesorería, herramienta financiera que permite gestionar los flujos de caja de una empresa en un periodo de tiempo determinado, asegura que esta pueda cumplir con sus obligaciones financieras. Este plan deviene fundamental para prever las necesidades de liquidez y asegurar que la empresa pueda hacer frente a sus pagos, evitando situaciones de insolvencia.

- La cuenta de resultados muestra el rendimiento económico en un periodo específico. Esta cuenta permite evaluar si la empresa está generando beneficios o pérdidas mediante la comparación de los **ingresos** y **gastos** en el ejercicio económico.

- El balance es un informe financiero clave, que expone la situación económica y financiera de una empresa en un momento determinado. La fórmula del balance es siempre:

  Activo = pasivo + patrimonio neto

  Esta ecuación garantiza que todos los recursos de la empresa estén financiados por fondos propios o por deudas. El balance permite evaluar la liquidez, la solvencia y la estructura de financiación del negocio.

- El **fondo de maniobra**, también conocido como «capital de trabajo», es la diferencia entre el activo corriente y el pasivo corriente de una empresa. Este indicador financiero muestra la cantidad de recursos a corto plazo que la empresa tiene disponibles para operar y cubrir sus obligaciones inmediatas.

- La viabilidad del modelo de negocio implica generar ingresos suficientes para cubrir los gastos operativos y generar ganancias sostenibles a largo plazo. Los ingresos incluyen la fuente de ingresos, el precio de los productos o servicios, el volumen de ventas y la diversificación de ingresos. Los gastos serán los costes asociados con la operación del negocio, que pueden ser fijos o variables.

- Para determinar la viabilidad, se ha de calcular el punto de equilibrio o umbral de rentabilidad, que será el nivel en el que los ingresos cubren los gastos o costes totales, sin generar pérdidas ni ganancias. A partir de este punto, la empresa genera beneficios.

  También es importante calcular el flujo de caja, para estimar cómo fluctúan los ingresos y gastos a lo largo del tiempo y si el negocio tendrá suficiente efectivo para seguir operando.

- Las opciones financieras socialmente responsables son aquellas que, además de buscar rentabilidad económica, toman en cuenta factores éticos, sociales y medioambientales. Serán los fondos de inversión, los bonos verdes, los bonos sociales, las inversiones de impacto, la banca ética y las plataformas de *crowdfunding* de impacto.

- Los agentes implicados en un proyecto emprendedor son todas las personas, instituciones y recursos que contribuyen activamente a su desarrollo. Estos agentes se agrupan en varias categorías clave, cada una con funciones específicas, como el emprendedor, los inversores, los clientes, los proveedores, los mentores y asesores, el Gobierno y el entorno social.

- En cuanto a los trámites de constitución y puesta en marcha, hay que diferenciar el empresario individual de las sociedades mercantiles. El empresario debe darse de alta en Hacienda, en la Seguridad Social, solicitar las licencias oportunas, registrar la marca y el nombre e implementar la prevención de riesgos laborales. Las sociedades mercantiles solicitarán la certificación negativa del nombre, la redacción de los estatutos, la aportación del capital social, la escritura pública e inscripción en el Registro Mercantil, el alta en Hacienda y Seguridad Social y la solicitud de las licencias municipales oportunas.

1. **El *fintech* es:**
   a) La combinación de *finance* (finanza) y *technology* (tecnología).
   b) Se refiere a las empresas y servicios que utilizan tecnologías innovadoras para mejorar, automatizar y ofrecer servicios financieros.
   c) Estas empresas suelen integrar *software,* aplicaciones y plataformas digitales, para ofrecer productos como pagos móviles, banca digital, criptomonedas, gestión de inversiones en línea, préstamos y seguros digitales.
   d) Todas son correctas.

2. **El *design thinking*:**
   a) Se trata de una representación ficticia y detallada del cliente ideal de una empresa.
   b) Se trata de una metodología centrada en la persona, ya que se utiliza para identificar, entender y resolver problemas sociales y medioambientales de una forma innovadora.
   c) Es una técnica de planificación estratégica aplicada y empleada en el contexto personal.
   d) Todas son correctas.

3. **El plan de tesorería es:**
   a) Una herramienta financiera que permite gestionar los flujos de caja de una empresa en un periodo de tiempo determinado, asegurando que esta pueda cumplir con sus obligaciones financieras.
   b) Muestra el rendimiento económico en un periodo específico.
   c) Es un informe financiero clave, que muestra la situación económica y financiera de una empresa en un momento determinado.
   d) Todas son correctas.

4. **El fondo de maniobra:**
   a) También es conocido como «capital de trabajo».
   b) Es la diferencia entre el activo corriente y el pasivo corriente de una empresa.
   c) Este indicador financiero muestra la cantidad de recursos a corto plazo que la empresa tiene disponibles para operar y cubrir sus obligaciones inmediatas.
   d) Todas las anteriores.

5. **El impuesto sobre sociedades:**
   a) El objeto de este tributo son los beneficios obtenidos por la empresa.
   b) El tipo impositivo será diferente en cada caso, pero el tipo general en el IS es un 25 %.
   c) Es un impuesto que grava las rentas de las sociedades y entidades jurídicas.
   d) Todas son correctas.

6. **El punto de equilibrio o umbral de rentabilidad:**
   a) Es el nivel en el que los ingresos cubren los gastos o costes totales (costes fijos + costes variables), sin generar pérdidas ni ganancias.
   b) Ayuda a entender cuántas ventas necesita el negocio para ser viable.
   c) A partir de ese punto, cualquier venta adicional genera beneficios.
   d) Todas son correctas.

7. **El flujo de caja:**
   a) Sirve para medir las entradas y salidas de efectivo en una empresa durante un periodo determinado.
   b) Sirve para medir las entradas de efectivo en una empresa durante un periodo determinado.
   c) Sirve para medir las salidas de efectivo en una empresa durante un periodo determinado.
   d) Todas son correctas.

8. **El margen de ganancia operativa:**
   a) Incluye los intereses o impuestos.
   b) Indica qué porcentaje de los ingresos es ganancia, después de descontar los costes directos de producción.
   c) Incluye los costes operativos, como salarios y alquileres, pero no los intereses o impuestos.
   d) Todas son correctas.

9. **Los inversores ángel:**
   a) Estos inversores suelen entrar en etapas tempranas de desarrollo de la empresa, asumiendo un alto riesgo a cambio de la posibilidad de obtener un alto retorno si el negocio consigue éxito.
   b) Además de la financiación, a menudo aportan su experiencia, contactos y conocimientos del sector, para ayudar al crecimiento de la empresa.
   c) Son individuos que invierten su propio dinero en empresas emergentes o *startups* a cambio de una participación en el negocio.
   d) Todas las anteriores.

10. **El emprendedor o equipo fundador:**
   a) Es el grupo principal que da vida al proyecto, define la visión, toma decisiones estratégicas y lidera las operaciones.
   b) Aportan el capital inicial o continuo necesario para financiar el proyecto.
   c) Son aquellos a quienes se dirige el producto o servicio.
   d) Todas las anteriores.

ACTIVIDAD 1

Elabore el balance de la siguiente empresa, calcule el fondo de maniobra e interprételo, sabiendo los siguientes datos:

- Un local de 65 000 euros, un camión que se adquirió por 54 600 euros, diversas máquinas valoradas en 24 300 euros.

- Existencias en el almacén por un importe de 2200 euros.

- La empresa Cersa, S. A. le debe 6500 euros por una compra efectuada.

- Depósito en el banco de 2800 euros.

- La pérdida de valor de los diferentes integrantes del inmovilizado ha sido estimada en 9000 euros.

- Debe a un proveedor 3200 euros, por la compra de diversos materiales, que tendrá que pagar en 3 meses, y a otro 13 000 euros, que debe pagar en 3 meses también.

- Debe al banco 6000 euros, por un préstamo para pagar en 9 meses.

- La aportación de los propietarios de la empresa en el momento de su constitución fue de 69 000 euros y, de los beneficios obtenidos, se reinvirtieron 20 000 euros.

- Debe al banco 35 200 euros, por un préstamo para pagar en diez años.

ACTIVIDAD 2

La empresa Productos Saludables, S. A. produce barritas energéticas. Sus costes fijos son de 20 000 euros mensuales. El coste variable por cada unidad producida es de 14 euros. Si la producción mensual es de 10 000 unidades, se pregunta: «¿Cuál es el precio de venta a partir del que la sociedad puede obtener beneficios?».

ACTIVIDAD 3

Una empresa presenta las siguientes cuentas:

- Ingresos: 200 000 euros
- Costes de bienes vendidos: 75 000 euros
- Gastos operativos: 30 000 euros
- Impuestos e interés: 6000 euros

Calcule el margen de ganancia bruta, neta y operativa.

ANEXO DE LA UNIDAD 5

ELABORE SU PROPIO PROYECTO EMPRENDEDOR

PLAN DE EMPRESA RESUELTO

PONGA EN PRÁCTICA LO ESTUDIADO

Enunciado:

Un joven emprendedor, recién titulado en un ciclo formativo de grado medio, decide iniciar su propio negocio bajo el nombre de **TechAssist, SL**. La empresa estará dedicada a la reparación, mantenimiento y configuración de dispositivos electrónicos, como *smartphones*, tabletas, ordenadores y periféricos. Además, ofrecerá soporte técnico remoto e implementará soluciones sostenibles, como reciclaje de componentes electrónicos y uso de energía renovable en las operaciones.

Para formalizar su proyecto, opta por constituir una **sociedad limitada (SL)**, con un capital social inicial y financiación externa. La empresa tiene como objetivos principales la incorporación de tecnología sostenible, el compromiso con los Objetivos de Desarrollo Sostenible (ODS) y la accesibilidad tecnológica para sus clientes.

DESCRIPCIÓN DE LA EMPRESA

- **Descripción de la empresa:** TechAssist, SL, es una empresa de servicios tecnológicos dedicada a la reparación, mantenimiento y configuración de dispositivos electrónicos, como *smartphones*, tabletas, ordenadores y periféricos. Además, ofrece soporte técnico remoto e implementa soluciones sostenibles, como reciclaje de componentes electrónicos y uso de energía renovable en las operaciones.

- **Misión:** ofrecer soluciones tecnológicas accesibles, rápidas y sostenibles a nivel local.

- **Visión:** convertirse en el referente local en tecnología sostenible para hogares y pequeñas empresas.

- **Forma jurídica:** sociedad de responsabilidad limitada (SL).

La metodología Business Model Canvas permite visualizar cómo cada área del negocio contribuye al éxito de la empresa, fomentando la alineación de la innovación tecnológica con los objetivos de sostenibilidad y rentabilidad.

Plan de empresa: TechAssist, SL (análisis según el método Business Model Canvas)

1. **Segmentos de clientes:** hogares, pequeñas empresas y estudiantes con necesidades tecnológicas.

2. **Propuesta de valor:** servicio técnico rápido, económico y sostenible.

3. **Canales:** tienda física, portal web y redes sociales.

4. **Relación con clientes:** atención personalizada y soporte técnico remoto.

5. **Fuentes de ingresos:** ingresos por reparaciones, mantenimiento y venta de componentes reciclados.

6. **Recursos clave:** local, herramientas, software de diagnóstico y personal técnico.

7. **Actividades clave:** diagnóstico, reparación, soporte remoto y reciclaje.

8. **Socios clave:** proveedores de piezas recicladas, organizaciones no gubernamentales de reciclaje o Ayuntamiento.

9. **Estructura de costes:** alquiler, herramientas, marketing, salarios y software.

PROMOTORES

- **Nombre:** Juan Pérez García

- **Perfil:** técnico en sistemas microinformáticos y redes

- **Aportación:** experiencia técnica y una inversión inicial de 5000 euros

DESCRIPCIÓN DEL SERVICIO OFRECIDO

TechAssist, SL, ofrece servicios tecnológicos especializados para hogares y pequeñas empresas, enfocados en la reparación, mantenimiento y configuración de dispositivos electrónicos, como smartphones, tabletas, ordenadores y periféricos. Además, proporciona soporte técnico remoto y asesoramiento personalizado para resolver problemas tecnológicos de manera rápida y eficiente.

MODELO CANVAS

SOCIOS CLAVE	ACTIVIDADES CLAVE	PROPUESTA DE VALOR	RELACIÓN CLIENTES	SEGMENTO CLIENTES
Proveedores de piezas recicladas, ONGs de reciclaje, ayuntamiento.	Diagnóstico, reparación, soporte remoto y reciclaje.	Servicio técnico rápido, económico y sostenible.	Atención personalizada y soporte técnico remoto.	Hogares, pequeñas empresas y estudiantes con necesidades tecnológicas.

RECURSOS CLAVE

Local, herramientas, software de diagnóstico, personal técnico.

CANALES

Tienda física, portal web y redes sociales.

COSTES DE ESTRUCTURA

Alquiler, herramientas, marketing, salarios y software.

FUENTES DE INGRESO

Ingresos por reparaciones, mantenimiento y venta de componentes reciclados.

Servicios principales

1. **Reparación de dispositivos electrónicos:** diagnóstico y solución de fallos en *hardware* y *software*.

2. **Mantenimiento preventivo:** limpieza interna, actualización de sistemas y optimización del rendimiento.

3. **Soporte técnico remoto:** solución de problemas y consultas técnicas a distancia.

4. **Reciclaje de componentes electrónicos:** gestión de piezas y dispositivos, para minimizar el impacto ambiental.

5. **Portal web:** herramienta digital para gestionar reservas, consultas y seguimiento en tiempo real de los servicios.

Propuesta de valor

1. **Rapidez y eficiencia:** diagnósticos realizados en menos de 24 horas y reparaciones rápidas, lo que garantiza una experiencia cómoda para el cliente.

2. **Sostenibilidad:** compromiso con el reciclaje de componentes electrónicos y reducción de desechos tecnológicos.

3. **Accesibilidad:** servicio económico y adaptado a las necesidades de hogares y pequeñas empresas.

4. **Innovación tecnológica:** uso de *software* avanzado para diagnóstico remoto y portal digital para la gestión del servicio.

5. **Atención personalizada:** comunicación directa con el cliente, lo que asegura soluciones ajustadas a sus problemas tecnológicos específicos.

IMPACTO EN LOS ODS

ODS 8 («Trabajo decente y crecimiento económico»)

- Creación de empleos locales de calidad, incluyendo formación técnica en tecnología y sostenibilidad.

- Estímulo al crecimiento económico, mediante el enfoque en economía circular.

ODS 12 («Producción y consumo responsables»)

- Implementación de procesos de reciclaje para dispositivos y componentes electrónicos, contribuyendo a la reducción de residuos tecnológicos.

- Promoción de prácticas responsables, como la reparación y reutilización, frente a la compra innecesaria de nuevos dispositivos.

ODS 9 («Industria, innovación e infraestructura»)

- Uso de tecnologías innovadoras en el diagnóstico y soporte técnico.

- Creación de infraestructuras digitales, como el portal web, que mejora la comunicación y la eficiencia en la prestación del servicio.

ESTUDIO DE MERCADO

En primer lugar, se analiza la detección de necesidades mediante la metodología de *design thinking*.

- **Empatizar:** encuestas y entrevistas a clientes potenciales revelaron la falta de servicios técnicos rápidos y sostenibles en la localidad.

- **Definir:** las personas buscan un servicio fiable, económico y con conciencia ambiental.

- **Idear:** se trata de una propuesta de crear un servicio local con reparaciones rápidas y reciclaje de componentes electrónicos.

- **Prototipar:** consiste en la creación de un portal web para reservas de servicios y seguimiento en tiempo real.

- **Probar:** se recopilan opiniones de un grupo piloto de clientes potenciales, para ajustar el servicio.

En segundo lugar, llevamos un análisis del macroentorno por medio del análisis Pestel:

- **Político:** legislación favorable al reciclaje electrónico.

- **Económico:** incremento de la demanda por reparaciones, frente a la compra de nuevos dispositivos.

- **Social:** creciente preocupación por el impacto ambiental de los desechos electrónicos.

- **Tecnológico:** mayor dependencia de dispositivos electrónicos.

- **Ecológico:** políticas de reciclaje y reducción de la huella de carbono.

- **Legal:** normativas sobre la correcta gestión de residuos electrónicos.

En tercer lugar, se analiza el microentorno mediante un análisis DAFO:

- **Fortalezas:** experiencia técnica del promotor, costes bajos iniciales y enfoque sostenible.

- **Debilidades:** limitada experiencia empresarial del promotor o competencia de grandes cadenas.

- **Oportunidades:** creciente interés en servicios sostenibles y alta demanda tecnológica.

- **Amenazas:** fluctuación en los precios de componentes y piezas de recambio.

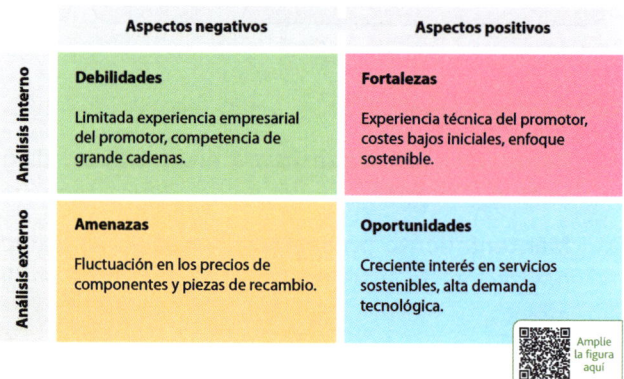

PLAN DE MARKETING

Producto:

Reparaciones tecnológicas rápidas, sostenibles y confiables.

Precio:

Competitivo, desde 20 euros por diagnóstico inicial.

Plaza (lugar o canales a través de los cuales se distribuyen y entregan los productos o servicios a los clientes):

Local físico y servicios *online,* a través de la web.

Promoción:

Publicidad en redes sociales, descuentos iniciales y alianzas con instituciones educativas.

VIABILIDAD DEL PROYECTO

PLAN DE TESORERÍA ANUAL

Datos iniciales

Inversión inicial

Capital social inicial: 10 000 euros (5000 euros del promotor + 5000 euros de préstamo ético)

Ingresos previstos anuales: 42 000 euros, siendo

Reparaciones: 30 000 euros

Mantenimiento mensual (contratos): 12 000 euros

Gastos anuales: 23 000 euros, siendo

Alquiler del local: 6000 euros

Marketing: 2000 euros

Sueldos: 12 000 euros

Otros gastos administrativos: 3000 euros.

Concepto	Ingresos	Gastos	Saldo
Capital inicial	10 000	23 000	10 000
Ingresos mensuales	3500	0	3500
Gastos mensuales	0	1916	–1916
Saldo final	42 000	23 000	19 000

Resumen del plan anual

El plan de tesorería muestra un flujo neto positivo cada mes, con un saldo final proyectado de **19 000 euros** al cierre del año. Esto refleja la viabilidad financiera del proyecto con los datos actuales.

CUENTA DE RESULTADOS, BALANCE, FONDO DE MANIOBRA Y UMBRAL DE RENTABILIDAD

Datos del supuesto práctico

El balance inicial refleja la situación financiera al iniciar la empresa.

ACTIVO	PASIVO
	Patrimonio neto Capital social: 20 000 Beneficio neto acumulado: 0
Activo no corriente Equipamiento tecnológico: 5000 Herramientas y mobiliario: 2000 Total: 7000	**Pasivo no corriente**

ACTIVO	PASIVO
Activo corriente	**Pasivo corriente**
Disponible en el banco: 15000	Préstamo a corto plazo: 2000
Existencias: 1000	Proveedores: 1000
Total: 16 000	Total: 3000
TOTAL: 23 000 €	**TOTAL: 23 000 €**

El balance, al final del primer año, incluye las operaciones realizadas (ventas, amortizaciones, pagos, etc.):

- **Ventas totales anuales:** 60 000 euros
- **Costes variables:** 30 000 euros
- **Gastos fijos:** 15 000 euros
- **Beneficio neto final:** 14 300 euros
- **Amortización:** 700 euros

Elaboramos el balance con los datos anteriores.

ACTIVO	PASIVO
	Patrimonio neto Capital social: 20000 Beneficio neto acumulado: 14300
Activo no corriente Equipamiento tecnológico: 4300 (se ha descontado la amortización de 700 €) Herramientas y mobiliario: 2000 Total: 6300 €	**Pasivo no corriente**
Activo corriente Disponible en el banco: 24300 Existencias: 500 Total: 24 800 €	**Pasivo corriente** Préstamo a corto plazo: 1000 Proveedores: 500
TOTAL: 31 500 €	**TOTAL: 31 500 €**

1. **Balance inicial:**

   Activos totales = 23 000 euros

   Pasivos totales = 3000 euros

   Patrimonio neto = 20 000 euros (diferencia entre los activos totales y los pasivos totales)

2. **Cuenta de resultados del primer año: datos del supuesto:**

   Ingresos totales: 60 000 euros

   Costes variables totales: 30 000 euros

   Gastos fijos totales: 15 000 euros

   Sueldos: 10 000 euros

Alquiler: 2000 euros

Marketing: 1500 euros

Otros gastos administrativos: 1500 euros

Amortización: 700 euros

Intereses del préstamo: 30 euros (préstamo de 1000 euros a un interés del 3 %)

Impuesto sobre Sociedades: 25 % del beneficio, antes de impuestos

CUENTA DE RESULTADOS	
Concepto	**Cantidad**
Ingresos	60 000
Costes variables	-30 000
Margen bruto	30 000
Gastos fijos	-15 000
Amortización	-700
Resultado de explotación	14 300
Intereses de préstamo	-30
Resultado antes de impuestos	14 270
Impuesto sobre Sociedades (25 %)	-3567,5
Resultado del ejercicio	10 702,5

3. **Fondo de maniobra:**
   - Activo corriente (tras un año): 24 800 euros (caja + existencias)
   - Pasivo corriente: 1500 euros
   - **Fondo de maniobra:** 23 300 euros (positivo: la empresa puede cubrir sus obligaciones a corto plazo; refleja buena liquidez)

4. **Umbral de rentabilidad:**

Para calcular el **umbral de rentabilidad** (UR), cuando no contamos con datos específicos de precios y costes variables unitarios, utilizamos los ingresos y costes totales anuales. Esto nos permite derivar el **margen de contribución** como un porcentaje global de los ingresos totales, en lugar de trabajar con valores unitarios:

Ingresos totales anuales: 60 000 euros

Costes variables anuales: 30 000 euros

Margen de contribución % = (ingresos totales – costes variables) / ingresos totales

Margen de contribución = (60 000 – 30 000) / 60 000 = 0,5 %

Gastos fijos totales

Sueldos: 10 000 euros

Alquiler: 3000 euros

Marketing: 1500 euros

Otros gastos administrativos: 500 euros

Total: 15 000 euros

Umbral de rentabilidad = gastos fijos totales / margen = 15 000 euros / 0,5 = 30 000 euros

La empresa necesita vender 30 000 euros, para alcanzar su punto de equilibrio.

Este supuesto práctico permite evaluar la viabilidad financiera inicial e identificar sus fortalezas, como el fondo de maniobra positivo y la previsión de un beneficio neto desde el primer año.

TRÁMITES LEGALES

TRÁMITE	DESCRIPCIÓN
Certificación negativa de nombre	Solicitud del certificado de denominación en el Registro Mercantil Central (RMC), para garantizar que el nombre no está registrado
Redacción de los estatutos sociales	Definición del objeto social, el domicilio, el capital, la administración, etc., que regirán la empresa
Aportación de capital social	Ingreso de un depósito bancario del capital social mínimo (3000 € para una SL aunque, según la Ley 18/22, del 28 de septiembre, de Creación y Crecimiento de Empresas, cabe la constitución de una SL con un capital de 1 €)
Firma de escritura pública	Firma de la escritura de constitución ante notario, la cual incluye los estatutos y el certificado de depósito del capital
Inscripción en el Registro Mercantil	Inscripción de la sociedad en el Registro Mercantil de la provincia correspondiente
Alta en Hacienda y obtención del NIF	Solicitud del número de identificación fiscal (NIF) y el alta en el impuesto sobre actividades económicas (IAE), mediante el modelo 036 o 037
Alta en la Seguridad Social	Inscripción de la sociedad en la Seguridad Social y afiliación de los empleados en el régimen correspondiente
Licencias municipales	Obtención de las licencias necesarias para la actividad, como la licencia de apertura o actividad

Cabe la posibilidad de crear la sociedad mercantil mediante un procedimiento telemático, mediante la cumplimentación del **documento único electrónico (DUE)**, que unifica más de veinticinco formularios administrativos y que, por medio del sistema Circe, se envían los datos a todas las Administraciones competentes en la creación o cese de una empresa o en el alta y baja en el Régimen Especial de Trabajadores Autónomos (RETA).

Toda la información para la tramitación la puede encontrar en la página https://paeelectronico.es/es-es/Crea-EmpresaPorTiMismo/Paginas/CIRCE.aspx.

CONCLUSIÓN

En este plan, se combinan innovación tecnológica, impacto social y sostenibilidad financiera, de modo que se ofrece una solución práctica para un problema global.